Smart Book

漢文讀解捷徑시리즈 6

논어독해 첫걸음

이지곤 이화춘 원주용 편저

전통문화연구회

이지곤李祉坤

성균관대학교 한문교육학 석사
㈜두산동아, ㈜ 대교 개발팀장
(사)전통문화연구회 상임연구위원
(사)한국평생교육평가원 공인한자급수 실장

저서
《신편 명심보감明心寶鑑》, 《사서독해첩경》, 《한문독해첩경 문학편》, 《한문독해첩경 사학편》, 《한문독해첩경 철학편》
초등학교 한문교과서- ㈜대교
중, 고등학교 한문교과서(2007교육과정- 동화사, 2009교육과정- 디딤돌, 2015교육과정- 동화사, 2023교육과정- 박영사)

이화춘李和春

전주대학교 한문교육과 졸업
성균관대 대학원 한문학과 수료
전통문화연구회 사무국장 등 역임
현 전통문화연구회 책임연구원(기획실장)

논문 〈콘텐츠 기획자가 본 한문과(漢文科) 이러닝 콘텐츠 발전의 선결(先決)사항〉
편역 《신편 사자소학/추구》《신편 계몽편/동몽선습》 등
공저 《한문독해기본패턴》《사서독해첩경》《한문독해첩경 문학편》 등

원주용元周用

성균관대학교 한문학과 문학박사
민족문화추진회 국역연수원 졸업
성균관대학교 겸임교수, 초빙교수
성균관대학교 동아시아학술원 연구원, 연구교수
안동대, 한림대, 원광대 강사

논문 목은 이색 산문 연구
편역 《고려시대 산문읽기》《고려시대 한시읽기》《조선시대 한시읽기》 등
번역 《담암일집淡庵逸集》《불조통재佛祖通載》 등

《논어독해 첫걸음》을 집필하며

주지하듯, 한문독해漢文讀解는 동서東西와 고금古今을 막론한 난제難題이다. 동서양의 주요 한문 교육 관련 저술에도 모두 한문독해의 어려움을 기술하고 있다. 전문가들은 한문독해력의 신장을 위해서는 다양한 한문 문장을 독해하고 반복적으로 익혀, 그 속에서 한문의 특성을 체득體得하는 길 이외의 왕도王道는 없다고 말한다.

그러나 이 말을 뒤집어 곱씹어보면, 다양한 한문 문장의 특성을 패턴pattern으로 정리하여 한문 입문자들에게 제공한다면 그들의 한문독해력 신장에 도움을 줄 수 있다는 것도 잘못된 생각은 아닐 것이다. 게다가 최근 학교나 사회에 서구적西歐的 학습과정을 거친 이들이 대부분이라는 점을 고려해본다면, 이러한 방법은 그들의 한문독해력 신장에 분명 도움을 주고, 한편으로는 그들의 요구에 부응할 수 있을 것이다.

우선 본 연구진은 한문 문장의 패턴pattern 학습에 주목하여 한문 문장의 기본 패턴을 연구하고자 하였다. 그러나 그 기초 과정에서 한문은 운문韻文과 산문散文, 경사자집經史子集의 차이가 확연하고, 산문에도 사서오경四書五經, 당송고문唐宋古文, 사서史書, 실용문서 등 문체와 난이도 등이 다양하다는 문제가 발생하였다.

이 때문에 한국의 연구서나 참고서는 물론이거니와, 가깝게는 중국과 일본 등 한문문화권의 연구서, 멀리는 영어권의 한문 연구서와 교재를 참고하여 내용을 검토·분석하였다. 그 결과 국가마다 한문고전에 대한 중요도는 각각 달랐지만 대체로 가장 중요시하는 텍스트가 바로 '사서四書'라고 결론 내렸다.

따라서 연구진은 다양한 정보화 기술을 활용하여 사서四書·몽학서蒙學書 등 한문漢文 기본서의 약 11만 자字의 원문과 그 해석을 데이터베이스Database로 구축하여 '사서'를 중심으로 패턴을 추출하였다. 패턴 선정을 위해 여러 한문 연구서와 근대 이후로 최근까지의 교재를 참조하였는데 그 가운데 몇몇 교재에서 많은 도움을 받았다. 우선 영미권의 대표적 서적인 《Outline of Classical Chinese Grammar》(Edwin G. Pulleyblank, University of British Columbia)와 《A New Pratical Primer of Literary Chinese》(Paul Rouzer, Harvard East Asian MonoGraphy)를 참고하였고, 중국과 일본의 《古代漢語》(王力, 中華書局), 《漢文入門》(小川環樹·西田太一郎, 岩波書店) 등 다종의 서적을 참조하여, 먼저 구축한 DB와 비교 분석 과정의 실증적 과정을 거쳤다.

또한 '논어論語'에 나오는 다양한 개념槪念이 한문 문장을 이해하는 기본 소양素養이 된다는 점에 주목하여 각각의 예문例文 선정 시에는 상기 서적들과 '논어'를 중심으로 한 다양한 논문집들을 참조하여 핵심 개념을 익힐 수 있도록 문장을 선정하였다.

아울러 서구의 한문학습 방법을 구문이나 패턴에 의한 이성적理性的이며 분석적 방법으로 본다면, 우리는 현토懸吐와 송독誦讀이라는 특수한 형태인 감성적感性的 방법으로 한문을 익혀왔다고 점에 주목하였다. 즉, 한국의 한문학습 방법은 중中·일日이나 서구西歐의 그것과 달랐다는 점이다.

특히 현토懸吐를 통한 학습 효과에 대한 평은 차치하더라도, 현토가 제시된 한문 문장의 정확한 한문독해를 위해서는 현토에 대해 이해가 필요하다는 것은 자명自明한 사실이다. 이에 전통 한문독해의 방법인 현토의 쓰임과 현토와 한자의 관계에 대한 해설을 수록하여 전통학습의 장점을 수용하고자 하였다.

한편 연구팀에서는 '논어論語'의 패턴과 '논어'가 가진 다양한 개념, 현토懸吐 등 문장 독해를 위한 다양한 내용을 하나의 교육용 콘텐츠에 담아냄과 동시에, 이를 각 소단원별로 QR코드를 통해 소프트웨어와 연결하여 연수의 편의를 돕고자 하였다. 이 소프트웨어에서는 독음讀音 익히기, 따라읽기, 듣기, 구두句讀 끊기, 패턴 찾기, 축자逐字 익히기 등등 다양한 연수 기능을 제공하고 있다.

본회는 '한문독해첩경시리즈' 중 《25개정판 한문독해기본패턴》에 이어 《논어독해 첫걸음》을 내놓았다. 뒤따르게 될 《맹자독해 첫걸음》, 《대학·중용독해 첫걸음》 구성에는 더 심사숙고하고 치밀하게 준비하고자 한다. 또한 별도로 준비하고 있는 중국어·일어·영어권 학습자들을 위한 한문독해 콘텐츠도 그 준비에 만전을 기할 것이다.

끝으로 바쁜 시간 쪼개어 자문해주신 원로 선생님들, 초고를 일독해주신 검토위원진, 시강試講을 수차례 반복해오신 교육연구진, 축자逐字 DB 구축에 참여한 연구보조원들과 검토해주신 선생님들께 감사의 마음을 전하며, 앞으로 계속 한문교육 전문가 여러분의 조언助言을 바란다.

2025년 중춘仲春에

연구집필위원 일동

일러두기 및 연수방법

1. 이 책에 대하여

1) 이 책은 "한문독해첩경 시리즈"의 여섯 번째 책이다.

시리즈의 첫 책인 《한문독해기본패턴》(이하 '《기본패턴》')을 2회 이상 정독한 수준으로 난이도를 고려함.

2) 사서독해 학습자를 위한 교재이다.

이 책은 '논어論語'의 주요 문장과 패턴을 집중 학습하여 단기간에 한문독해력漢文讀解力을 향상시킬 수 있도록 한 연구서임.

3) 정보화 기술을 활용한 '스마트북SmartBook'이다.

교수-학습의 효율성을 제고하기 위하여 '정보화 기술을 활용한 스마트북'임.

2. 구성 특징

1) 다음과 같은 분야를 주요 학습의 범주로 구성하여 제시하였다.

(1) 개념어 및 성어成語 : 각 페이지 상단에는 유학儒學의 기본 개념어와 관련 성어를 제시하고, 페이지의 중간에는 대중적인 성어와 그 풀이를 배치함.

(2) 구문 패턴 : 원문의 옆에는 문장 독해를 위한 주요主要 패턴을 제시하고, 상단上段에는 중심 패턴을 어휘에 이어서 제시함.

(3) 자의字義 : 페이지 하단에 실제 문장에서 사용된 한자의 훈음訓音을 제시함.

(4) 현토懸吐 : 원문에 현토하고 부록에 현토를 이해할 수 있도록 원문과 연계하여 설명을 제시함.

2) 교수-학습의 편의를 위해 문장에 각각의 본서 내의 일련번호와 편장절篇章節의 정보를 달았다.

(1) 전체 원문의 문장번호文章番號를 1부터 일련번호로 제시함.

(2) 본래의 편장절 정보를 표시하되, 한 개의 장이 여러 개의 절로 나뉜 경우 마지막 절에만 '〈學而 1:1~5〉(학이 1장 1절~5절)'와 같은 형태로 제시함.

(3) 하나의 절節이 긴 경우에는 페이지를 분리하되, 분리된 앞부분의 끝에는 '〈계속〉'이라 표기하고, 뒷부분의 앞에는 일련번호 없이 ' … '만을 표기함.

3) 반복적인 학습이 가능하도록 유기적으로 구성하였다.

(1) 패턴이 처음 등장할 경우에는 문장의 하단에 패턴의 의미와 특징을 설명하고, 해당 패턴이 쓰인 문장의 일련번호를 제시하여 다양한 예문을 익힐 수 있도록 함.

단, 지면이 좁아서 처음 등장한 문장에 설명이 곤란한 경우에는 뒤에 설명이 있는 문장의 일련번호를 제시함.

(2) 이미 설명한 패턴이 재등장할 경우에는 기본 설명이 있는 문장의 일련번호를 다시 제시하여 패턴의 의미와 특징을 익힐 수 있도록 함.

4) 패턴의 복습과 암기에 도움이 되도록 단원별로 엄선된 연습문제를 제시하였다.

5) 현토懸吐의 쓰임과 풀이를 정리하여 부록에 제시하였다.

3. 구성 원칙

1) 패턴의 선정選定 기준은 다음과 같다.

(1) 주요 '허사虛辭' 중심의 '구句' 또는 '절節'의 '문형文型'인 것.

(2) 논어에 나오는 패턴이되, 다른 문헌에 자주 나오는 패턴을 중심으로 선정함.

2) 논어論語의 경문經文 872절(16,009자) 중에서 210절(3,882자)을 선정하였으며 원문 발췌拔萃의 기준은 다음과 같다.

(1) 경문을 중심으로 선정하되, 자의字意 이해에 도움이 되는 집주集註를 수록함.

(2) 패턴 학습에 도움이 되는 확장성이 있는 문장을 선정함.

(3) 유학儒學의 개념어나 성어를 익힐 수 있는 문장을 선정함.

(4) 현토 학습에 도움이 되는 문장을 선정함.

3) 원문의 현토懸吐 원칙은 다음과 같다.

(1) 우리나라 전통 방식으로 현토함.

(2) 경문經文은 교정청校正廳 언해諺解를 위주로 현토하고 율곡栗谷의 언해를 참고하여 필요에 따라 조정함.

(3) 집주集註는 집필진이 본회의 번역서 등을 참고하여 현토함.

4. 해설 기준

1) 번역문은 《기본패턴》의 직역直譯과 달리 자연스러운 번역문을 제시하고자 하였다.

(1) 《기본패턴》에서 사용되었던 '대명사代名辭의 반복적인 직역, 글자의 2회역' 등을 가급적 지양함. 자세한 내용은 《기본패턴》 참조.

2) 번역문만으로 문장 구조의 이해가 어려운 경우에는 다양한 해설解說을 제시하였다.

(1) 패턴이나 글자의 쓰임

(2) 직해시 축자 순서

(3) 의미 구분에 따른 끊거나 늘여 읽을 위치

3) 문법文法 용어의 사용을 가급적 지양止揚하였다.

4) 자주 쓰이는 성어는 원문의 아래에 의미 풀이를 제시하였다.

5) 주석注釋으로 고유명사나 개념어, 관용어, 난해어 등의 풀이를 번역문 좌우에 배치하였다.

6) 한자의 훈음訓音을 제시하였다.

(1) 본문의 하단에는 중학교용 한자(900자)의 초과 한자에 훈음 제시함.

(2) 특수한 훈음으로 사용된 경우에는 페이지 하단에 실제 문장에서 사용된 훈음을 제시함.

5. 문장 및 조판 부호

1) 본서에 사용된 주요 부호符號는 다음과 같다.

별점	원문에서 주요 패턴으로 사용된 한자.
윗점	주석이나 풀이가 있는 한자 및 한자어, 강조.(축자번호 등과 중복되는 경우에는 아랫점)
“ ”	대화, 각종 인용.
‘ ’	“ ” 안에서 재인용, 강조.
《 》	서명, 출전.
〈 〉	편장명 또는 작품명, 보충역.
〔 〕	번역문과 뜻은 같으나 음이 다른 한자 및 자구, 번역 뒤에 인용한 원문.
( )	생략 가능, 간주間註, 관련 문장의 일련번호.
	(解 ☞ 0) 패턴의 기본 설명이 제시된 문장 번호.
	(例 00) 해당 패턴이 사용된 예시 문장 번호.
#	《한문독해기본패턴》에 지정된 패턴 및 번호.
##	본서에 새롭게 추가한 패턴.
※	기타 주요 한자 및 패턴의 쓰임.
〈계속〉	뒷페이지로 하나의 절이 계속 이어짐.
…	앞페이지에서 하나의 절이 계속 이어짐.
▿	끊거나 늘여서 읽을 위치.
숫자	직해 순서.

6. 연수 방법

연수의 방법은 '전체를 일독한 후 여러 번 반복해서 보는 경우, 처음부터 찬찬히 살펴보는 경우, 관심 있는 부분을 중심으로 먼저 살펴보는 경우' 등 각자의 습관에 따라 다양하다. 각자 편리한 방법으로 공부하더라도 아래의 몇 가지는 반드시 지켜야 독해력讀解力이 신장된다.

1) 번역을 보기 전에 원문을 여러 번 읽고 스스로 풀이한다.
   (1) 여러 번 읽는 과정은 문장을 익숙하게 만들고 풀이 방법을 생각하는 과정임.
2) 교재에 풀이된 설명을 읽어서 완전히 자기 것으로 만든다.
   (1) 문장에 대한 설명은 하나도 그냥 제시된 것이 없으므로, 왜 이런 설명을 넣었는지 생각함.
3) 소리 내어서 여러 차례 읽기와 쓰기를 반복한다.
   (1) 최소한 10번 이상 소리 내어 읽고, 3회 이상 정성 들여 씀.
   (2) 소리 내어 읽고 쓰는 과정은 머리에 각인되는 효과가 있음.
4) 스마트북 기능을 이용해서 반복 학습한다.
   (1) 본 책은 QR코드를 통해 문장의 다양한 정보와 학습도구를 제시함.
   (2) 이를 활용하면 연관되는 많은 내용을 알 수 있고, 다양하게 반복하여 학습할 수 있음.
   (3) 읽어주는 원문과 뜻풀이도 반복해서 듣고, 따라 읽으면 많은 효과가 있음.

7. '스마트북'이란?

1) PC 및 Mobile 기기 등 정보화 기기를 이용한 교재의 다양한 학습 보완기능을 'Smartbook(스마트북)'이라 하였다. 이를 통하여 한문 학습·연수 교재의 새로운 지평을 제공하고자 한다.
2) 본 스마트북으로 도서의 모든 요소를 정보화하여 제공함은 물론, 그 밖의 학습요소를 추가 제공하여 학습에 도움을 주고자 한다.
3) 본서 스마트북의 정보제공 범위는 다음과 같다. ○ : 동일제공, ◎ : 확대제공

구분	내용	도서	스마트북	
			PC	Mobile
원문/현토	대상 원문과 현토	○	○	○
번역	번역문	○	○	○
직해 및 직해순	직해 및 번역하는 순서	○	◎	○
주석	주요 학습 어휘	○	◎	○
도판	삽화, 지도, 연표, 사적, 문물 등	○	◎	◎
음원音源	원문 및 번역문의 읽기, 듣기, 따라읽기 등		○	○

노트	프린터용 쓰기노트		○	
패턴	원문에 사용된 주요 구문構文 패턴 정보	○	◎	○
강좌	도서의 온라인 동영상 강의		○	○
책갈피	온라인 책갈피 기능		○	○
토론실	이용자의 토론공간		○	○

※ 일부 기능은 제작중이거나, 온라인 회원에 한하여 제공될 수 있음.

8. 스마트북 이용 방법

1) 본서는 각 단원별로 좌우측의 하단에 'QR코드'와 '단축기호'를 제공하고 있다.

2) 스마트북의 사용법은 다음과 같다.

(1) '스마트폰'을 사용할 경우 'QR코드'나 '단축주소'를 활용하여 접근한다.

※ QR코드를 이용할 때는 주요 포털 사이트의 App에서 제공되는 기능을 활용한다.

(2) PC를 사용할 경우 단원별로 제공된 '단축기호'를 활용하여 접근한다.

※ 단축주소 : "http://JTLink.kr/단축기호" (대소문자 무관)

목 차

논어論語

부 록

패턴 목차

※《기본패턴》에 수록된 패턴 제외

선택의 패턴

사동의 패턴

가정 · 조건의 패턴

한정의 패턴

감탄의 패턴

기타 패턴(청유, 부사)

논어論語

《논어論語》는 유교 경전인 사서四書의 하나이다. 고대 중국의 사상가 공자孔子의 가르침을 전하는 옛 문헌으로 중국 최초의 어록語錄이기도 하다. 공자와 그 제자의 문답을 주로 하고, 공자의 발언과 행적, 그리고 고제高弟의 발언 등 인생의 교훈이 되는 말들이 간결하고도 함축성 있게 기재되었다.

《논어》의 편자에 대해서는 많은 설이 있으나 확실치 않다. 7책 20편으로 구성되어 있다.

공자상孔子象

1. 학이 學而

時習 # 不亦A乎

1 子曰 學而時習之면 不亦說乎아

不亦A乎 : 또한 A하지 않겠는가

#43 不A乎 不A與 不A諸 : A하지 않은가?

반어형 문장이다. 의문문과는 문장의 구조가 같아 앞뒤 문맥으로 구별하여야 한다.(例 1, 2, 3)

※ 의문문과 반어문의 차이

의문문은 말하는 사람이 상대방에게 모르는 것을 질문하여 대답을 요구하는 문장 형식이다. 반어문은 의문문과 문장의 구조가 거의 같은데 '대답이 필요한 경우'는 의문문이며, '대답이 필요 없이 어떤 상황이나, 사실을 확인 강조하는 경우'는 '반어문'인데, 부정의문문은 대부분 반어문에 속한다.(例 80 등)

1 공자孔子가 말하였다. "배우고 때로 그것을 익히면[時習], 또한 기쁘지 않겠는가.

集註 學之爲言은 效也라 : 배운다는 말은 본받음이다.

- 習은 鳥數飛也니 學之不已를 如鳥數飛也라 : '習'은 새가 자주 날갯짓하는 것이니, 배움을 그치지 않기를 마치 새 〈새끼가〉 자주 날갯짓하는 것같이 함이다.
- 時習者는 無時而不習이라 : '時習'이란 어느 때고 익히지 않음이 없음이다.

- 공자孔子 : 춘추시대 노魯나라의 대사상가. 유가 사상의 창시자. 이름은 구丘. 자는 중니仲尼.
- 시습時習 : 배운 것을 늘 되풀이하여 익힘. 또는 제때에 익힘.

無A(而)不B : 어떤 A이건/A마다 B하지 않음이 없다

A는 시간이나 장소의 부사형으로 풀이하여 '어느/어떤 A이고/이건'나 'A마다'로 풀이한다. 가정의 패턴에서 'A가 아니면 B할 수 없다'(解 ☞ 184)와 구조가 다른 점에 유의하자.

說(≒悅) 기쁠 열 數 자주 삭

CV17717

朋 # 自A至B

自A : A로부터

不亦A乎
: 또한 A하지 않겠는가

2 有朋이 自遠方來면 不亦樂乎아

※ 끊어 읽기의 중요성 : 1. 자의字義의 구별

문장은 구절 내에서 무엇을 하나의 의미 단위로 보아 끊어 읽느냐에 따라서 의미가 달라질 수 있다.

이 문장을 '유붕이 자원방래면'이라고 읽는 경우가 많은데, 이 경우 듣는 이가 '먼 곳〔遠〕으로부터〔自〕 바야흐로〔方〕 찾아온다〔來〕면'으로 오해할 소지가 있다. 이런 오해가 생기는 이유는 '及其壯也하여는 血氣方剛이라(장성함에 혈기가 비로소 강해진다.)'는 문장처럼 方을 '비로소, 바야흐로' 등 부사형으로 풀이하는 경우가 있어서이다.

이 구절은 '자 원방 래'로 구분하여 읽어야 '먼 곳〔遠方〕으로부터〔自〕 찾아온다〔來〕면'으로 바르게 풀이되는데, 이때 패턴의 이해가 중요한 역할을 한다.

'自A (以/而)B'의 패턴에서 來는 B에 해당하는 글자로 그 바로 앞에는 '以/而'가 와야하는데 여기서는 생략된 것이므로 方은 遠에 붙여 풀이해야 한다. 실제 《예기대전禮記大全》과 조선의 '윤행임'은 '自遠方而來'로 썼다.

#27~28 自A 自A 至B 自A 至(於)B 自A 以(B) 至(於)C
: A부터 (B로) C에 이르기까지

於가 생략 되기도 하며 自 대신 '由/從'이, 至 대신 達이 쓰이기도 한다. '自/由/從'만 쓰인 경우(例 2), '自/由/從~以'가 쓰인 경우(例 90), '至/達'만 쓰인 경우, '自A 以(B) 至(於)C'가 쓰인 경우 등 다양한 형태가 있다.

• 붕朋:동문同門.

2 (어떤) 벗이 (있어) 먼 곳으로부터 찾아온다면, 또한 즐겁지 않겠는가.

• 有朋이 自 遠方 來면 不亦樂乎아

• 有는 '~이 있다/가지다, 어떤'의 의미로 사용되는데, 문장에 따라 적절한 것을 선택해야 하며, 때에 따라 생략해도 무방하다. 有를 友로 보는 주석도 있다.

集註 說은 在心하고 樂은 主發散이니 在外니라 : '說(悅)'은 마음속에 있는 것이고, '樂'은 발산함을 위주하니 외면에 있는 것이다.

方 장소 방

君子

3 人不知而不慍이면 不亦君子乎아 〈學而 1:1~3〉

不亦A乎
: 또한 A하지 않겠는가

※ 君子의 여러 뜻

①덕망이 높고 인품이 뛰어난 사람, ②벼슬자리에 있는 사람으로 '소인小人'과 '야인野人'의 상대어, ③임금을 이르는 말, ④아내가 남편을 이르는 말 등.

※ 여기서 잠깐! 《한문독해기본패턴》을 참조하세요.

위 '#27'은 《한문독해기본패턴》(이하 '《기본패턴》')에 지정된 패턴번호이다. 따라서 본서를 볼 때는 《기본패턴》의 설명과 예문을 함께 참고할 것을 권한다. 사용하는 기호는 다음과 같다.

#27 《기본패턴》의 패턴번호 ## 《기본패턴》 외의 패턴
※ 기타 주요 한자 및 패턴의 쓰임 - 문장 부연 설명

패턴은 가급적 해당하는 첫 문장에 설명하려 하였으나, 지면 배치를 고려하여 뒷쪽에 수록하거나 《기본패턴》의 해설을 축소·생략한 경우가 있다.

※ 之의 쓰임 : ① 가다 ② 그것, 이것 ③ ~의, ~한(수식/한정)
④ ~이/가(주어) ⑤ ~을/를(목적어)

之는 한문漢文에서 많이 나오는 글자이므로 쓰임에 유의하자.

- 志者는 心之所之之謂라 (이 / 간 / 를)
  지志는 마음이 간 바(지향한 것)를 이른다.
- 教之之序는 當依小學이니라 (그를 / 는)
  그를 가르치는 순서는 마땅히 《소학小學》을 따라야 한다.

3 남이 알아주지 않더라도 서운해하지 않는다면 또한 군자가 아니겠는가."

集註 慍은 含怒意라 君子는 成德之名이라 : '慍'은 노여움을 품는다는 뜻이다. '君子'는 덕德을 완성한 이의 명칭이다.

- 군자君子 : 덕망이 높고 인품이 뛰어난 사람.

慍 성낼 온

孝弟 犯上 作亂 # 未AB

未AB : A를 B하지 않다

4 有子曰 其爲人也 孝弟요 而好犯上者 鮮矣니 不好犯上이요 而好作亂者 未之有也니라

#29 不AB 未AB 莫AB : A(대명사)를 B하지 않다

'부정사+서술어+대명사'의 어순이 '부정사+대명사+서술어'로 도치된 패턴이다.(例 19, 170, 174, 189 등)

목적어나 보어의 구절이 긴 경우 해당 구절을 앞으로 빼내고 그 구절을 대신하는 대명사로 그 자리를 채운 후, 다시 부정문에서 대명사와 서술어가 바뀐 구조이다.(解 ☞ 《기본패턴》 #29)

※ 未~也의 쓰임

未는 '아직 ~ 않다'는 뜻으로 동작이나 행위가 아직 발생하지 않았음을 나타낸다. 따라서 문장의 끝에 자주 也가 쓰인다. 동작상 중에서 완료상이 제시되는 경우는 矣가 사용된다.(例 9)

- 유자有子 : 춘추시대 노魯나라 사람. 공자孔子의 제자. 이름은 약若.
- 위인爲人 : 사람의 됨됨이. 사람됨.
- 효제孝弟 : 어버이에게 효도하고 형장兄長에게 공손함. = 효제孝悌.
- 범상犯上 : 윗사람에게 대듦. 윗사람에게 반항함.

4 〈공자의 제자〉 유자有子가 말하였다. "그 사람됨[爲人]이 효도하고 공경하면서[孝弟] 윗사람 범하기[犯上]를 좋아하는 자는 드무니, 윗사람 범하기를 좋아하지 않으면서 난 일으키기[作亂]를 좋아하는 자는 있지 않았다.

- 不好犯上이요 而好作亂者 未之有也니라. 이는 '未有不好犯上而好作亂者也'의 도치형이다.

集註 善事父母爲孝요 善事兄長爲弟라 : 부모를 잘 섬기는 것을 '孝'라 하고, 형과 어른을 잘 섬기는 것을 '弟'라 한다.

- 犯上은 謂干犯在上之人이라 鮮은 少也라 作亂은 則爲悖逆爭鬪之事矣라 : '犯上'은 윗자리에 있는 사람을 범하는 것을 이른다. '鮮'은 적음이다. '作亂'은 〈도리를〉 어그러뜨리고 불순不順하여 다투어 싸우는 일을 하는 것이다.

弟(≒悌) 공경할 제 犯 범할 범 爲 할 위 鮮 드물 선 亂 어지러울 란

本立道生 巧言令色 # 其A與 # A矣B

5 君子는 務本이니 本立而道生하나니 孝弟也者는 其爲仁之本與인저 〈學而 2:1~2〉

A而B : A하면 B하다
A也者B : A라는 것은 B이다
其A與 : 아마 A일 것이다

6 子曰 巧言令色이 鮮矣仁이니라 〈學而 3:1〉

A矣B : A하구나! B여

#76 **其A乎 其A與 其A哉 : 아마/분명 A일 것이다 ; 혹시 A인가?**

확신이나 추측, 반어 등에 쓰인 패턴으로 其는 '아마, 분명, 혹시' 등으로 풀이한다. 더 강조하는 경우에는 '분명, 정말, 참으로' 등으로 풀이하기도 한다. '~인저'의 형태로 현토懸吐된 것이 대개 여기에 해당한다.(例 5, 17, 191, 175 등)

#75 **A哉B A矣B A乎B : A하구나! B여**

'B가 A하다'의 서술어가 주어 앞으로 도치된 패턴이다.(例 6, 63, 81, 169, 170 등)

교언영색巧言令色 : 교묘한 말과 거짓된 표정으로 남의 환심을 삼.

5 군자는 근본根本에 힘쓰니, 근본이 서면 도가 생겨나나니[本立道生], 효도와 공경[孝弟]이라는 것은, 아마 인仁을 행行하는 근본일 것이다."

- 本立而道生의 而는 가정의 패턴으로 사용되었다.(解 ☞ 89)

集註 務는 專力也요 本은 猶根也라 仁者는 愛之理요 心之德也라 爲仁은 猶曰行仁이라 : '務'는 오직 한 가지 일에 힘을 다하는 것[專力]이요, '本'은 '根(근본)'과 같다. '仁'은 사랑의 원리原理이고 마음의 덕德이다. '爲仁'은 '行仁(인을 행함)'과 같다.

- 본립도생本立道生 : 기본基本이 바로 서면 길 또한 자연自然스럽게 생긴다는 뜻을 나타냄.

6 공자가 말하였다. "교묘하게 말을 잘하고 얼굴빛을 곱게 짓는[巧言令色] 사람은 적구나, 인仁한 사람이!"

與(≒歟) 그런가 여 巧 공교할 교

三省 入孝出弟 行有餘力 # 與AB

不A乎 : A하지 않았는가
與AB : A와 B하다

7 曾子曰 吾 日三省(성)吾身하노니 爲人謀而不*忠乎*아 與*朋友交而不信乎아 傳不習乎아니라 〈學而 4:1〉

A則B : A하면 B하다

8 子曰 弟子入則孝하고 出則*弟하며 謹而信하며 汎愛衆호되 而親仁이니 行有餘力이어든 則以學文이니라 〈學而 6:1〉

- 증자曾子 : 증삼曾參의 존칭. 춘추시대 노魯나라 사람.
- 삼성三省 : 하루에 세 가지 일을 반성함. 세 가지란 불성실[不忠]·불신不信·불학습[不習]을 뜻함.
- 신信 : 신의信義. 오상五常의 하나.
- 행유여력行有餘力 : 일을 다 하고도 힘이 남음. 또는 직분을 수행하고도 시간이 남음.
- 육예六藝 : 학생을 교육하는 여섯 과목. 곧 《시詩》·《서書》·《역易》·《예禮》·《악樂》·《춘추春秋》.
- 학문學文 : 글을 배움. 지식을 익힘.

7 증자曾子가 말하였다. "나는 날마다 세 가지로 내 몸을 살피니[三省], 남을 위하여 도모함에 충성스럽지 않았는가? 벗과 더불어 사귐에 성실[信]하지 않았는가? 전수받은 것을 복습하지 않았는가?"

集註 盡己之謂忠이요 以實之謂信이라 : 자기 마음을 다하는 것을 '忠'이라 이르고, 성실히 하는 것을 '信'이라 이른다.

• 傳은 謂受之於師요 習은 謂熟之於己라 : '傳'은 스승에게 전수傳受받은 것을 이르고, '習'은 자기 몸에 익숙히 함을 이른다.

8 공자가 말하였다. "제자는 들어가면 효도하고 나오면 공손하며, 〈행실을〉 삼가고 〈말을〉 성실하게 하며, 널리 사람들을 사랑하되 어진 이를 가까이해야 하니, 〈이것을〉 행하고 여력이 있으면[行有餘力] 〈여력을〉 이용하여 〈육예六藝의〉 글을 배워야 한다[學文]."

集註 謹者는 行之有常也요 信者는 言之有實也라 汎은 廣也요 衆은 謂衆人이라 親은 近也요 仁은 謂仁者라 以는 用也라 文은 謂詩書六藝之文이라 : '謹'은 행실에 떳떳함이 있는 것이요, '信'은 말에 성실함이 있는 것이다. '汎'은 넓음이요, '衆'은 여러 사람[衆人]을 이른다. '親'은 가까이 함이요, '仁'은 인자仁者를 이른다. '以'는 씀이다. '文'은 《시詩》·《서書》 육예六藝의 문文을 이른다.

省 살필 성 爲 위할 위 謀 꾀 모 謹 삼갈 근 汎 넓을 범 以(≒用) 쓸 이

賢賢易色 學 忠信

9 子夏曰 賢賢호되 易(역)色하며 事父母호되 能竭其力하며 事君호되 能致其身하며 與朋友交호되 言而有信이면 雖曰未學이라도 吾必謂之學矣라 호리라 〈學而7:1〉

與AB : A와 B하다
A謂之B : A를 B라고 말하다
未A : 아직 A하지 않다

10 子曰 君子不重則不威니 學則不固니라

A則B : A이면 B이다
A則B : A라도 B이다

11 主忠信하며

※ '~하면'과 '~라도'의 이해

不重則의 則과 學則의 則은 모두 가정의 패턴이다. 전자前者는 조건에 따른 결과에 변화가 있는 경우로 '~하면 ~하다'로 풀이하고, 후자後者는 조건에 상관없이 결과가 정해져 있는 경우로 '~라도 ~하다'로 풀이한다.

현현역색賢賢易色 : 어진 이를 높이되 여색을 좋아하는 마음과 바꾸는 것처럼 함. 뒤에 주로 현인을 존중하고 여색을 경시하는 말로 씀. '현현이색'으로 읽어 아내의 현명한 점을 높이고 미색을 경시한다는 뜻으로 보기도 함.

9 자하子夏가 말하였다. "어진 이를 어질게 여기되 여색을 좋아하는 마음과 바꾸며, 부모를 섬기되 그 힘을 다할 수 있으며〔竭力〕, 임금을 섬기되 그 몸을 바칠 수 있으며〔致身〕, 벗과 사귀되 말함에 성실함이 있으면, 비록 아직 배우지 않았다고 말하더라도 나는 반드시 그를 배웠다고 이를 것이다."

集註 致는 猶委也라 : '致'는 '委(맡김)'와 같다.

10 공자가 말하였다. "군자의 〈도를 행하고자 하는 자가〉 중후重厚하지 않으면 위엄威嚴이 없으니, 배우더라도 견고堅固하지 못하다.

11 충忠과 신信을 주장하며,

- 자하子夏 : 춘추시대 위衛나라 사람. 이름은 복상卜商. 자하子夏는 자字. 공자孔子의 제자.
- 갈력竭力 : 있는 힘을 다함.
- 치신致身 : 몸을 바쳐 임금을 섬김. 전의되어, 벼슬길에 오름.

竭 다할 갈 致 맡길 치

過則勿憚改

無A : A하지 말라
A不如B : A는 B만 못하다

A則B : A이면 B이다
勿A : A하지 말라

12 無友不如己者요

13 過則勿憚改니라 〈學而 8 : 1~4〉

#53 A不如B　A未若B　A不若B : A가 B만 같지 않다/못하다

如, 若에 부정사가 보태져 A不如B, A未若B, A不若B의 형태로 '열등 비교'라고도 한다.

직역하면 'A는 B와 같지 않다'인데, 보통 'A가 B만 못하다'로 풀이한다.

#40~41 勿A　毋A　莫A　無A　不A　未A : A하지 말라

勿, 毋는 기본적인 금지의 패턴이며(例 13, 151, 175 등), 莫, 無, 不, 未는 부정사가 금지의 의미로 사용된 패턴이다.(例 12, 19, 54, 82 등)

과즉물탄개過則勿憚改 : 잘못을 하면 고치는 것을 주저하지 말아야 함.

12 자기만 같지 않은 자를 벗 삼지 말고,

- 부정문에서 목적어로 쓰인 대명사는 보통 서술어와 도치 된다.(解 ☞ 4) 그러나 여기처럼 비교문인 '~만 못하다(不如)'의 비교로 쓰인 경우(보어)에는 不己如로 도치되지 않은 점에 유의하자.

13 허물이 있으면 고치기를 꺼리지 말아야 한다."

- 10~13는 當, 必, 須 등의 글자 없이도 문맥상 당위를 담고 있는데, 이런 경우에는 '~하다' 보다는 '~해야 한다'로 풀이하는 것이 더 자연스럽다. 이후로는 별도 언급 없이 '~해야 한다'로 풀이한다.

憚 꺼릴 탄　抑 아니 억

A與 抑B與

14 子禽이 問於子貢曰 夫子 至於是邦也하사 必聞其政하시나니 求之與아 抑與之與아 〈學而 10:1〉

A與 抑B與 : A인가 아니면 B인가

#60 A與 (B與) … 抑 C與 (D與) …
: A인가? (B인가?) 아니면 C인가? (D인가?)

여러가지 중에서 어떤 것을 선택하는지 또는 해당하는지를 묻는 패턴이다. 抑의 앞뒤로 한 개 이상의 의문이 온다.(例 14)

선택의 의문이 아닌 일반 서술 문장에서 抑은 '그러나'로 풀이한다.

※ '與'의 다양한 쓰임

① 동사(서술어)로서 '함께하다, 주다, 인정하다'(例 14, 93, 94, 103, 149, 203)를, ② 단어나 문장의 접속사로서 'A와 B'(例 49, 70, 92, 119, 146)를, ③ 어조사로서 '~와 더불어, ~와 함께'(例 7, 9, 18, 52, 53, 59, 70, 203)를, ④ 문장 끝의 의문, 감탄, 추측으로 '~인가?, ~이구나, ~일 것이다'(例 5, 14, 17, 38, 80, 127, 147, 192, 201, 202)를, ⑤ 與其~寧으로 '~보다, ~하느니'(例 38, 105, 202)를 뜻하는 경우 등이 있다.

위 14번은 ①과 ③이 동시에 쓰인 경우이다.

14 자금子禽이 자공子貢에게 물어 말하였다. "부자夫子가 이 나라에 이르러서는 반드시 그 〈나라의〉 정사政事를 들으니, 〈부자가〉 그것을 구한 것인가? 아니면 〈그나라 임금이〉 그것을 준 것인가?"

- 자금子禽 : 춘추시대 진陳나라 사람. 이름은 진항陳亢. 자금子禽은 자字.
- 자공子貢 : 춘추시대 위衛나라 단목사端木賜의 자字.

抑 아니 억

安貧樂道

可A : A할 만하다
A也已 : A로다

15 子曰 君子 食無求飽하며 居無求安하며 敏於事而愼於言이요 就有道而正焉이면 可謂好學也已니라 〈學而 14:1〉

A何如 : A는 어떠한가
未若A : A만 못하다

16 子貢曰 貧而無諂하며 富而無驕면 何如하니잇고 子曰 可也나 未若貧而樂하며 富而好禮者也니라

안빈낙도安貧樂道 : 청빈淸貧한 생활을 달갑게 여기며, 성현聖賢의 도道를 추구하는 것으로 즐거움을 삼음.

• 유도有道 : 재능이 있거나 도덕이 있는 사람.

15 공자가 말하였다. "군자는 먹음에 배부름을 구하지 않으며, 거처함에 편안함을 구하지 않으며, 일에 민첩하고 말을 삼가며, 도가 있는 사람[有道]에게 나아가서 그에게 질정하면 학문을 좋아한다[好學] 이를 만하겠다."

• A也已는 결과의 인지를 나타내는 어조사이다.

16 자공子貢이 말하였다. "가난하면서 아첨함이 없으며, 부유하면서 교만함이 없으면 어떠합니까?" 공자가 말하였다. "괜찮으나, 가난하면서 즐거워하며[安貧樂道] 부유하면서 예禮를 좋아하는 사람만 못하다."

敏 민첩할 민 正 질정할 정 諂 아첨할 첨 驕 교만할 교

其A與 # A之謂B 切磋琢磨

17 子貢曰 詩云 如切如磋하며 如琢如磨라하니 其斯之謂與인저

如A : A한 듯하다
其A與 : 아마 A일 것이다
A之謂B : A를 B라고 말하다

A之謂B : A를 B라고 이르다

之가 '~을/를'로 풀이되는 대표적인 패턴이다.(例 17)

※ 曰과 云의 차이

'曰'은 사람이 말하거나 이미 했던 말을 인용하는 경우에 쓰이고, '云'은 책에서 '이르다(말하다)'의 의미로 쓰이나, 실제로는 혼용하여 쓰이는 경우가 많다.

절차탁마切磋琢磨 : 도덕·학문 등을 노력하고 연구함.

17 자공이 말하였다. "《시경詩經》에 이르길, '자른 듯하고 간 듯하며, 쪼아놓은 듯하고 간 듯하다.[切磋琢磨]' 하니, 아마 이것을 이른 것이겠군요."

- 其斯之謂與는 其A與(아마 A일 것이다)와 A之謂(A를 말하다)가 결합된 형태이다.

- 시경詩經 : 책 이름. 오경五經의 하나.

磋 갈 차 琢 쪼을 탁 磨 갈 마

告往知來

A諸B : B를 A하다
A而B : A하면 B하다

18 子曰 賜也는 始可與言詩已矣로다 告諸往而知來者온여 〈學而 15:1~3〉

不AB : A를 B하지 않다

19 子曰 不患人之不己知요 患不知人也니라 〈學而 16:1〉

※ '어조사 諸'의 쓰임

諸가 어조사로 쓰이면 보통 之乎 또는 之於의 두 축약형으로 본다.

'문장 끝'에 있으면 A諸(之乎)의 패턴으로 의문이나 반어형의 'A인가?'(例 154), 또는 감탄이나 추측의 'A로구나' 등으로 풀이한다.(例 88)

'문장 중간'에 있으면 A諸(之於)B 패턴으로 'B에서/를 A하다'로 풀이한다.(例 18, 188)

고왕지래告往知來 : 이미 한 말을 듣고서 다음에 할 말을 미루어 앎. 또는 과거로써 미래를 내다봄.

18 공자가 말하였다. "사賜는 비로소 함께 시를 말할 만하구나! 지나간 것을 말해주니 올 것을 아는구나〔告往知來〕."

- 始可與言詩已矣로다 告諸往而知來者온여 (1 5 2 4 3 6 / 3 2 1 4 7 5 6)
- 여기서 已矣는 '~한 사실을 알게 되었다.'는 단정적 의미이다.

19 공자가 말하였다. "남이 자신을 알아주지 않음을 걱정하지 말고, 〈내가〉 남을 알지 못함을 걱정해야 한다."

- 역시 부정문에서 대명사가 도치된 경우이다.(解 ☞ 4)
- 子曰 不患人之不己知요 患不知人也니라 (7 6 1 2 5 3 4)

賜 줄 사; 사람 이름　諸 어조사 저

▩ 읽을거리 1. 공자와 논어

공자孔子는 훌륭한 사상가이자 정치가, 그리고 교육자로, 유학이라는 학문을 만든 인물이다. 그는 오래전 춘추시대라는 혼란스러운 시대에 중국 노魯나라에서 태어났다. 그 당시 나라의 왕들은 오직 자기 이익만 생각하고, 백성들을 함부로 대하며 힘들게 살게 했다.

예를 들어, 제齊나라의 환공桓公은 권력을 독점한 신하 관중管仲의 도움으로 나라를 강하게 만들었지만, 정치는 여전히 권모술수가 난무했고, 백성들의 삶은 나아지지 않았다. 진晉나라의 문공文公 역시 패자로 불렸지만, 결국 현실적인 이익을 더 중요하게 여겼다.

공자는 이런 현실을 보고 매우 안타까워하며, 예전처럼 바르고 질서 있는 사회를 만들고자 했다. 그래서 여러 나라를 돌아다니며 왕들에게 올바른 정치란 무엇인지 가르쳤다. 그는 노나라를 떠나 위衛나라, 송宋나라, 진陳나라, 채蔡나라 등 여러 나라를 방문하며 군주들을 설득하려 했으나, 그의 사상을 온전히 받아들여 나라를 맡긴 왕은 없었다. 위나라의 영공靈公은 공자의 말을 듣기보다는 사치와 향락을 즐겼고, 제나라의 경공景公은 공자를 존경했지만 끝내 그를 기용하지 않았다.

결국 공자는 직접 정치를 하는 대신, 책을 정리하고 제자들을 가르치는 일에 집중했다. 그리고 그의 제자들은 공자가 왕들과 나눈 대화나 가르침을 모아 《논어》라는 책을 만들었다.

《논어》에서 가장 중요한 두 가지 가르침은 인仁과 예禮이다. 인仁은 서로를 아끼고 사랑하며 각자의 역할을 다하는 것이고, 예禮는 사회의 규칙과 질서를 지키며 절제하는 것이다.

공자는 이 두 가지를 매우 중요하게 여겼고, 《논어》에서도 여러 번 강조했다. 결국 공자의 가르침은 사람답게 살고, 서로 존중하며 바른 사회를 만드는 것이다. 그의 가르침은 이후 수많은 학자와 정치가들에게 영향을 주었고, 한漢나라 시대 이후 유교儒教는 중국뿐만 아니라 동아시아 전체에 걸쳐 중요한 사상이 되었다.

2. 위정 爲政

一言以蔽之　思無邪　　# 譬如A

A以B : B로써 A하다
譬如A : 비유하자면 A와 같다
A而B : A하면 B하다

20 子曰 爲政以德이 譬如北辰이 居其所어든 而衆星이 共之니라 〈爲政 1:1〉

A以B : A로써 B하다

21 子曰 詩三百에 一言以蔽之하니 曰思無邪니라 〈爲政 2:1〉

※ 以의 쓰임

以는 문장에서 ① 행위의 수단과 도구(~로써, 사용하다) ② 행위의 이유(~로써, 때문이다) ③ 행위의 시간(~에 맞추어) ④ 판단의 근거(~로서) ⑤ 목적격조사(~을) 등으로 사용되는데, 실제로는 아주 많은 용례가 있다.(解 ☞ 《기본패턴》 #11~16, #19~21, #28)

위 20, 21은 ①의 의미인데, 20은 'B로써 A하다', 21은 'A로써 B하다'이다.

사무사思無邪 : 마음에 사악邪惡한 생각이 없음. 심지心地가 순수하고 정직함.

20 공자가 말하였다. "덕德으로 정치하는 것은 비유하면 북신北辰이 제 자리에 있으면 뭇 별[衆星]이 그리로 향하는 것과 같다."

- 譬(1)如(10)▽北(2)辰이 居(5)▽其(3)所(4)어든 而(6)▽衆星(7)이 共(9)之(8)니라

- 삼백三百 : 《시경詩經》의 편수를 개략적으로 이른 말로 곧 《시경》을 이름.

21 공자가 말하였다. "《시경詩經》 삼백三百 편을 한마디 말로 개괄하니, 생각에 사악함이 없음[思無邪]이다."

- '曰'은 인용을 표시한 허사虛辭로 보아 해석할 필요가 없다.

CV17736

譬 비유할 비　辰 별자리 신　共(≒拱) 향할 공　蔽 덮을 폐　邪 간사할 사

志學 而立 不惑 知天命 耳順 從心 # A有B # A而

22 子曰 吾十有五而志于學하고

A有B : A하고 또 B
A而 : A에
A于B : B에 A하다

23 三十而立하고

24 四十而不惑하고

25 五十而知天命하고

26 六十而耳順하고

27 七十而從心所欲호되 不踰矩호라 〈爲政 4 : 1~6〉

所A : A한 것

#25~26 A者 A而 : A(때/살)에는 ; ~하도록

'시간/숫자의 한자+者/而' 등의 형태로 시간이나 나이 등에 쓰인다. 옛날(古者, 昔者), 지난 날(嚮者), 앞서·이전(曩者), 오늘날·요즘(今者)과 같이 者가 사용된 경우(例 60), 잠시 후(俄而), 머지않아(尋而), 오래토록(久而)과 같이 而가 사용된 경우(例 22~27, 126, 170, 199), 也가 사용된 경우(例 79)가 있다.

22 공자가 말하였다. "나는 열 하고 다섯(열다섯) 살에 학문에 뜻을 두었고〔志學〕,

23 삼십 세에 자립하였고〔而立〕,

24 사십 세에 의혹하지 않았고〔不惑〕,

25 오십 세에 천명을 알았고〔知天命〕,

26 육십 세에 귀가 순하였고〔耳順〕,

27 칠십 세에 마음이 하고자 하는 바를 따라〔從心〕도 법도〔矩〕를 넘지 않았다."

惑 미혹할 혹 踰 넘을 유 矩 법도 구

- 지학志學 : 전심專心하여 학문을 탐구함.
- 이립而立 : 30세에 뜻이 세워졌다는 말로 30세를 이름.
- 불혹不惑 : 의혹하지 않음. 공자孔子가 40세 때부터 사물의 이치에 미혹되지 않았다는 말로 40세를 이름.
- 지천명知天命 : 천명天命을 앎. 공자가 50세에 천명을 알았다고 한 말로 50세를 이름.
- 이순耳順 : 공자가 예순에 천지 만물의 이치에 통달하여 듣는대로 모두 이해하였다는 말로 60세를 이름.
- 종심從心 : 70세를 이름.

子游　犬馬　養口·養志　# 焉A哉

是A : 단지 A만
何以A乎 : 무엇으로 A하겠는가

28 子游問孝한대 子曰 今之孝者는 是謂能養이니 至於犬馬하여도 皆能有養이니 不敬이면 何以別乎리오 〈爲政 7:1〉

#47 何以A　何爲A　何故A　何由A : 무엇으로써/어떻게 A하는가? 어찌하여/무슨 까닭으로 A하는가?

何가 以, 爲, 故, 由와 호응하여 '도구, 행위, 까닭' 등을 묻는 패턴이다.

양구養口 : 입을 채움. 입과 배〔口腹〕를 채움.
양지養志 : 부모의 뜻을 잘 받들어 봉양하는 일.

• 자유子游 : 춘추시대 오吳나라 사람. 이름은 언언言偃. 자는 유游. 공자의 제자.

28 자유子游가 효를 묻자, 공자가 말하였다. "지금의 효라는 것은 단지 봉양奉養만을 잘하는 것을 이르니, 개와 말에 이르러도 모두 길러줌이 있을 수 있으니, 공경恭敬하지 않으면 무엇으로 구별하겠는가."

• 是謂能養의 是는 '단지〔但〕'의 의미로 본다.

※ 曾子의 養志

《맹자》〈이루상〉에 다름과 같은 맹자의 말이 실려있다.

"증자曾子가 증석曾晳을 봉양할 때 반드시 술과 고기를 올렸는데, 장차 상을 치우려 할 때는 반드시 남은 음식을 누구에게 줄지 물었으며, 증석이 남은 것이 있느냐 물으면, 반드시 '있습니다.'라고 답하였다.

증석이 죽자 증원曾元이 증자를 봉양하였는데, 반드시 술과 고기를 올렸으나, 장차 상을 치우려 할 때, 남은 음식을 누구에게 줄지 묻지 않았으며, 남은 것이 있느냐고 물으면 '없습니다.'라고 답하였으니, 장차 그것을 다시 올리려 해서였다.

이는 이른바 부모의 입과 몸을 봉양하는 것〔養口體〕이니, 증자처럼 한다면 부모의 뜻을 봉양했다고 이를 수 있다."

游 헤엄칠 유 ; 사람 이름

焉A哉

29 子曰 視其所以하며

所A : A한 것

30 觀其所由하며

31 察其所安이면

32 人焉廋哉리오 人焉廋哉리오 〈爲政 10 : 1~4〉

焉A哉 : 어찌 A겠는가

#44 何(不)A乎 豈(不)A哉 焉(不)A哉 : 어찌 A인가/아닌가? 어떻게 A하는가/하지 않는가? 어느 A인가/아닌가?

문장이나 절의 앞에 의문을 뜻하는 대명사가, 끝부분에 어조사가 함께 위치한 패턴이다. 부정의 한자(無, 不, 敢 등)는 의문을 뜻하는 대명사 뒤에 온다.

29 공자가 말하였다. "그 하는 것을 보며,

集註 以는 爲也라 : '以'는 하는 것이다.

30 그 〈행동이〉 말미암는 바를 살피며,

集註 觀은 比視爲詳矣라 由는 從也라 : '觀'은 '視'에 비하여 더 자세히 보는 것이다. '由'는 부터〔從〕이다.

31 그 편안히 여기는 바를 살피면,

集註 安은 所樂也라 : '安'은 즐거워하는 것이다.

32 사람이 어떻게 〈자신을〉 숨기겠는가. 사람이 어떻게 〈자신을〉 숨기겠는가."

示 보일 시 보이다. 보여주다. 揭示 暗示 指示

見 볼 견 직접 가서 보다. 見聞 見識 發見

視 볼 시 시각을 가지고 주체적으로 보다. 視力

觀 볼 관 목적을 가지고 상세히 보다. 觀客 觀覽

察 살필 찰 이유를 생각하며 상세히 보다. 省察 考察

看 볼 간 눈 위에 손을 대고 지속적으로 보다. 看病

覽 볼 람 내려보고 마주보며 두루 보다. 遊覽 閱覽

焉 어찌 언 廋 숨길 수

溫故知新　君子·小人　異端　# A也已

A可以B : A로써 B할 수 있다

33 子曰 溫故而知新이면 可以爲師矣니라 〈爲政 11:1〉

A而不B : A하되 B하지 않다

34 子曰 君子는 周而不比하고 小人은 比而不周니라 〈爲政 14:1〉

A乎B : B를 A하다
A斯B : A하면 B하다
A也已 : A일 뿐이다

35 子曰 攻乎異端이면 斯害也已니라 〈爲政 16:1〉

#67 A則B　A卽B　A斯B : A이면/하면 B이다/하다

접속 기능을 하는 허사가 문장의 사이에 위치하여 가정의 의미를 만든 패턴이다. 이때 '則, 卽, 斯'는 쓰임이 같은데 '則'이 가장 많이 쓰이고, '斯'도 많이 쓰인다.(例 35, 50, 63, 104, 126, 170)

온고지신溫故知新 : 배운 지식을 복습하여 새로운 것을 이해하고 체득함.

33 공자가 말하였다. "옛날 〈들었던〉 것을 익혀 새 것을 알면〔溫故知新〕, 그로써 스승이 될 수 있다."

集註　溫은 尋繹也라 故者는 舊所聞이요 新者는 今所得이라 : '溫'은 찾고 연역演繹하는 것이다. '故'는 예전에 들은 것이요, '新'은 지금 새로 터득한 것이다.

- 군자君子 : 덕망이 높고 인품이 뛰어난 사람.
- 소인小人 : 식견이 얕고 좁은 사람.

34 공자가 말하였다. "군자君子는 두루 사랑하고 편당하지 않으며, 소인小人은 편당하고 두루 사랑하지 않는다."

集註　周는 普徧也요 比는 偏黨也라 : '周'는 널리〔普徧〕 〈사랑하는〉 것이요, '比'는 편당偏黨하는 것이다.

- 이단異端 : 유가儒家에서 성현의 도道가 아닌 다른 학설이나 학파를 일컫던 말.

35 공자가 말하였다. "이단異端을 전적專的으로 다루면 해로울 뿐이다."

集註　攻은 專治也라 : '攻'은 전적으로 다루는 것이다.

周 두루 주　比 친할 비　攻 다스릴 공　斯(≒則) 곧 사　害 해할 해

知 · 不知　　# A 如之何

36 子曰 由아 誨女知之乎인저 知之爲知之요 不知爲不知 是知也니라 〈爲政 17:1〉

A乎 : A하겠다

37 季康子問 使民敬忠以勸호되 如之何잇고 子曰 臨之以莊則敬하고 孝慈則忠하고 擧善而敎不能則勸이니라 〈爲政 20:1〉

使AB : A에게 B하게 하다
A以B : A로써 B하다
A如之何 : A를 어찌해야 하는가
A則B : A이면 B이다

36 공자가 말하였다. "유由야! 너에게 아는 것을 가르쳐주겠다. 아는 것을 안다 하고, 알지 못하는 것을 알지 못한다 하는 것이 바로 아는 것이다."

- 이 풀이는 知之爲知之의 之를 대명사로 보아 생략하였으나, 之를 서술어를 보조하는 '어조사'로 풀이하면 '알고 있는 것' 또는 '안다고' 정도로 풀이된다.
- 또 不知爲不知는 앞 구절과 비교해보면 不知之爲不知之에서 之가 생략된 형식임을 알 수 있는데, 대구對句를 이루는 문장은 글자의 수를 같게 만들기 위해 반복되거나 누구나 알 수 있는 내용을 생략하거나, 반대로 짧은 구절에 之를 넣은 형태로 이해해야 할 경우가 많다.

- 유由 : 춘추시대 노魯나라 사람. 이름은 중유仲由. 공자의 제자. 자字는 자로子路.

37 계강자季康子가 물었다. "백성百姓으로 하여금 〈윗사람에게〉 공경하고 충성하게[敬忠] 하며, 〈경과 충에〉 노력하도록 권유하려면[勸勉] 어찌 해야 하는가?"

공자가 말하였다. "〈윗사람이〉 백성에게 장엄莊嚴함으로 임하면 〈백성이〉 공경하고, 〈윗사람이〉 효도하고 사랑하면 〈백성이〉 충성하고, 〈윗사람이〉 잘하는 사람을 들어 쓰고 잘하지 못하는 사람을 가르치면 〈백성이〉 권면勸勉된다."

集註　莊은 謂容貌端嚴也라 : '莊'은 용모가 단정하고 엄숙함을 이른다.

- 계강자季康子 : 춘추시대 노魯나라의 대부大夫. 이름은 계손비季孫肥.
- 권면勸勉 : 노력하도록 권유함.

誨 가르칠 회　是 바로 시　勸 권할 권　臨 임할 림　莊 장엄할 장　善 잘할 선

▩ 읽을거리 2. 《논어》의 편찬 주체와 시기

《논어》는 공자와 그의 제자들의 말과 행동을 기록한 유가의 경전이다.

《한서漢書 예문지藝文志》 〈육예략六藝略〉에는 "《논어》는 공자가 제자 및 당시 사람들과 주고받은 대화, 제자들이 서로 나눈 말, 그리고 제자들이 공자에게 직접 들은 말을 제자들이 각각 기록해 두었다가, 공자가 세상을 떠난 후 문인들이 이를 수집하고 토론을 거쳐 편찬한 것이다. 그래서 '논어論語'라고 이름 지은 것이다."라고 기록되어 있다. 또한 황간皇侃은 "《논어》는 공자가 세상을 떠난 후 그의 70제자의 문인들이 함께 편찬한 것이다."라고 하였다.

이러한 기록에 따르면, 《논어》의 일부 장章과 구句는 공자의 제자들이 공자 생전에 직접 기록한 것이며, 전체 책을 편찬한 것은 공자의 70제자의 후학들에 의해 이루어진 것이다. 따라서 《논어》는 한 사람에 의해 한 시기에 완성된 것이 아니다. 여기서 '논論'은 논찬論纂하여 토론을 거쳐 편찬했다는 의미이며, '어語'는 언어言語를 뜻하므로, 결국 《논어》란 공자와 그 제자들의 말을 엮은 책이라는 의미가 된다.

정현鄭玄은 "《논어》는 중궁仲弓, 자유子游, 자하子夏 등이 편찬한 것이다."라고 하였으나, 이 의견은 타당하지 않다. 《궐리문헌고闕里文獻考》에 따르면, 증자曾子는 공자의 문인 중에서도 가장 늦게 학문을 시작한 인물로 70세 넘게 살았다. 따라서 증자보다 나이가 많았던 중궁, 자유, 자하는 증자가 임종할 때 이미 세상을 떠났을 것이다. 그런데 《논어》를 살펴보면 증자가 임종할 때 손과 발을 펴 보였다는 기록이 포함되어 있으므로, 《논어》는 이 세 사람이 아니라 증자의 문인들이 편찬했음을 알 수 있다.

정이程頤 또한 "《논어》는 유자有子와 증자의 문인들에 의해 편찬되었다. 그래서 책에서 유독 이 두 사람만을 '자子'라고 칭하였다."라고 하였다. 이 견해는 유종원柳宗元의 《논어변論語辨》에 근거한 것이다.

《논어》라는 서명이 처음 등장하는 문헌은 《예기禮記》 〈방기坊記〉이며, 이를 통해 《논어》가 완성된 시기는 전국시대 초기로 추정할 수 있다.

연습문제

▨ 밑줄 친 구절의 직역을 쓰시오.

- 學而時習之면 不亦說乎아 ☞ 1번 문장 참조
- 其爲人也孝弟요 而好犯上者 鮮矣니 ☞ 4
- 君子는 務本이니 本立而道生하나니 ☞ 5

▨ 풀이를 참조하여 □ 안에 알맞은 한자를 쓰시오.

- □朋友交而不信乎아 : 벗과 더불어 사귐에 성실하지 않았는가? ☞ 6
- 行有餘力이어든 則以□□이니라 ☞ 7
  : 행하고 여력이 있으면 그로써 글을 배워야 한다.
- 告諸往□知來者온여 : 지나간 것을 말해주면 올 것을 아는구나. ☞ 28

▨ 풀이를 참조하여 ( )에 제시된 한자를 □ 안에 바르게 나열하시오.

- □□□□□□이면 不亦君子乎아 : 남이 알아주지 않더라도 서운해하지 않는다면 또한 군자가 아니겠는가? (不 不 慍 知 而 人) ☞ 3
- 孝弟也者는 □□□□□□인저 : 효도와 공경이라는 것은, 아마 인을 행하는 근본일 것이다. (與 爲 仁 其 本 之) ☞ 5
- 視其所以하며 觀其所由하며 □□□□이면 : 그 하는 것을 보며, 그 말미암는 바를 살피며, 그 편안히 여기는 바를 살피면, (其 安 所 察) ☞ 31

3. 팔일 八佾

禮 喪 # 與其A也 寧B

與其A也 寧B : A하기 보다는 차라리 B하겠다

38 禮 與其奢也론 寧儉이요 喪 與其易也론 寧戚이니라
〈八佾 4 : 3〉

#57~59 與其A也 寧B : A하기보다 차라리 B하는 것이 낫다

'與其~'에 비교할 내용을 제시 후, '寧~'에 선호하는 내용을 드러낸 패턴이다. '與其A也 寧B'는 '그 A와 함께하는 것으론 차라리 B하다'로 직역되지만 보통 'A하기보다 차라리 B하겠다'로 풀이한다.(例 38, 105)

寧B 대신에 不如B, 不若B, 無寧B乎, 豈若B乎(例 202) 등의 변형이 있는데 與其로 시작하는 패턴은 모두 'A하기보다 차라리 B하는 것이 낫다.'의 의미이다. 그러나 본서에서는 문장의 각각 구조의 차이를 익힐 수 있도록 각각의 구조마다 다르게 풀이하였다. 與其의 其는 뒤따르는 절節을 명사화하는 글자로서, '~함, ~하는 것, ~하기' 등의 풀이에 해당한다.

팔일무八佾舞, 문화재청국가문화유산포털

38 예禮는 사치하기보다는 차라리 검소하겠다(검소한 것이 낫다). 상喪은 다스려지기보다는 차라리 슬퍼하겠다(슬퍼하는 것이 낫다).

集註 易는 治也라 : '易'는 다스림이다.

佾 춤열 일 與 보다 여 ; ~보다 奢 사치할 사 寧 차라리 녕 儉 검소할 검
易 다스릴 이 戚(≒慽) 근심할 척

CV17754

季氏 泰山 冉有 林放 揖讓 # 謂A曰B

39 季氏 旅於泰山이러니 子謂冉有曰 女弗能救與아 對曰 不能이로소이다 子曰 嗚呼라 曾謂泰山이 不如林放乎아 〈八佾 6:1〉

謂A曰B : A에게 일러 B라고 말하다
A與 : A하는가
A不如B : A는 B만 못하다

40 子曰 君子 無所爭이나 必也射乎인저 揖讓而升하여 下而飮하나니 其爭也 君子니라 〈八佾 7:1〉

A乎 : A하구나!
A也B : A는 B이다

#22 謂A曰B 語A曰B : A에게 B라 말하다 ; A를 평하여 B라 말하다

'A라는 사람에게 말하는 경우'와 'A를 타인에게 평하여 말하는 경우'이다. 대다수는 전자(*例 39, 70, 82, 92, 160, 189, 192*)이지만, 후자(*例 125*)가 간혹 있어 내용상 분별해야 한다.

39 계씨季氏가 태산泰山에 여제旅祭를 지내려고 하자, 공자가 염유冉有에게 일러 말하였다. "네가 바로잡을 수 없겠느냐?"
〈염유가〉 대답하여 말하였다. "할 수 없습니다."
공자가 말하였다. "오호라, 일찍이 태산이 임방林放만도 못하다 이르는가?"

- 曾(1)謂(6)泰(2)山이 不(5)如(4)林(3)放乎(7)아
- 여기의 曾을 '어찌'의 반어문으로 풀이하기도 한다.

40 공자가 말하였다. "군자는 경쟁競爭하는 것이 없으나 〈경쟁한다면〉 반드시 활쏘기리라. 읍揖하고 사양하며 올라갔다 〈활을 쏜 뒤에〉 내려와서 〈패자敗者가〉 술을 마시니, 그 경쟁이 군자답다."

- 계씨季氏 : 춘추시대 노魯나라의 계손씨季孫氏. 환공桓公의 후손.
- 태산泰山 : 산동성山東省 태안시泰安市 북쪽에 있는 산. 오악五岳의 하나.
- 여제旅祭 : 제사를 받지 못하는 고혼孤魂이나 역질疫疾을 퍼뜨리는 귀신에게 지내는 제사. = 여제厲祭.
- 염유冉有 : 유有는 염구冉求의 자.
- 임방林放 : 춘추시대 노魯나라 사람.

旅 제사 려　女(≒汝) 너 여　冉 나아갈 염; 성씨　弗 아닐 불　嗚 탄식할 오
揖 읍할 읍　升(≒昇) 오를 승

宰我 使臣以禮 事君以忠 夏后氏 戰栗

A以爲B : A를 B라고 말하다

41 子曰 事君盡禮를 人이 以爲諂也로다 〈八佾 18:1〉

A如之何 : A를 어찌해야 하는가

42 定公이 問 君使臣하며 臣事君호되 如之何잇고 孔子對曰 君使臣以禮하며 臣事君以忠이니이다 〈八佾 19:1〉

使AB : A에게 B하게 하다

43 哀公이 問社於宰我한대 宰我對曰 夏后氏는 以松이요 殷人은 以柏이요 周人은 以栗이니 曰 使民戰栗이니이다 〈八佾 21:1〉

41 공자가 말하였다. "임금을 섬김에 예를 다하는 것을 사람들은 그것을 아첨한다 말하는구나."

- 人以爲諂也의 以는 바로 앞의 人이 아닌 事君盡禮를 목적어로 가지며 '~을/를'로 풀이한 경우이다.

- 정공定公 : 춘추시대 노魯나라 임금.
- 대왈對曰 : 《논어》에서 임금의 물음에 '對曰'이라고 칭한 것은 임금을 높인 것임.
- 애공哀公 : 춘추시대 노魯나라 임금.
- 재아宰我 : 춘추시대 노魯나라 사람. 공자孔子의 제자 재여宰予.

42 정공定公이 물었다. "임금이 신하臣下를 부리고, 신하는 임금을 섬기되 어떻게 해야 하는가?"

공자가 대답하여 말하였다[對曰]. "임금은 신하를 예禮로써 부리고, 신하는 임금을 충忠으로써 섬겨야 합니다."

43 애공哀公이 재아宰我에게 사社를 묻자, 재아가 대답하여 말하였다. "하나라[夏后氏]는 소나무를 사용하였고, 은나라[殷人]는 측백나무를 사용하였고, 주나라[周人]는 밤나무를 사용하였으니, 〈밤나무를 사용한 이유는〉 백성들을 두려워 떨게[戰栗] 하려는 것입니다."

- 以는 '사용하다'의 의미이며, 이 경우 用과 통용한다. '曰 使民戰栗의 曰'도 인용으로서 풀이를 생략해도 된다.
- 使AB는 'A에게 B하게 하다', 'A로 하여금 B하게 하다'로 풀이한다.(解 ☞ 67)

諂 아첨할 첨　后 임금 후　社 토지신 사　宰 재상 재 ; 성씨　以(≒用) 쓸 이
殷 은나라 은　柏 측백나무 백　周 주나라 주

封人 二三子 無道 夫子 木鐸 # A之B也

44 儀封人이 請見(현)曰 君子之至於斯也에 吾未嘗不得見(견)也로라 從者見(현)之한대 出曰 二三子는 何患於喪乎리오 天下之無道也 久矣라 天將以夫子로 爲木鐸이시리라 〈八佾 24:1〉

未嘗不A : 일찍이 A하지 않은 적이 없다
何A乎 : 어찌 A하는가
A之B也 : A가 B하다
以A爲B : A를 B라고 여기다

45 子曰 居上不寬하며 爲禮不敬하며 臨喪不哀면 吾何以觀之哉리오 〈八佾 26:1〉

何以A哉 : 무엇으로 A하겠는가

44 의儀땅의 봉인封人이 뵙기를 청하며 말하였다. "군자가 여기에 이름에 내 일찍이 만날 수 없던 적이 없었다."

종자가 공자를 뵙게 해주자, 〈그가 공자를 뵙고〉 나와서 말하였다. "그대들〔二三子〕은 어찌 〈부자가〉 벼슬을 잃은 것을 근심하는가. 천하에 도道가 없은 지 오래되었다. 하늘이 장차 부자를 목탁木鐸으로 삼으실 것이다."

- 여기의 請은 단순 서술이다.(解 ☞ 151)
- 君子之 至於 斯也에 吾 未嘗不 得見也로라 (1 2 3 6 5 4 7 / 1 6 2 5 4 3 7)

集註 木鐸은 金口木舌이니 施政敎時에 所振以警衆者也라 : '木鐸'은 쇠로 입을 만들고 나무로 추를 만든 것이니, 정교政敎를 베풀 때에 흔들어 여러 사람을 경계하는 것이다.

45 공자가 말하였다. "윗자리에 있으면서 너그럽지 않으며, 예禮를 행함에 공경하지 않으며, 상喪에 임하여 슬퍼하지 않으면, 내가 무엇으로 그를 관찰하겠는가."

- 봉인封人 : 봉강封疆(국경)을 지키는 벼슬.
- 이삼자二三子 : 너희들. 스승이 제자들을 부르는 말.
- 목탁木鐸 : 세상을 교화하는 사람을 비유하는 말. 본래 나무 추〔舌〕를 단 큰 구리 방울. 나라에서 정책이나 법령을 선포할 때 거리를 돌며 울려서 사람들의 주의注意를 끄는 데 사용함.

목탁木鐸

儀 거동 의; 땅 이름　封 봉할 봉　鐸 방울 탁　寬 너그러울 관　臨 임할 림

▩ 읽을거리 3. 《논어》의 다양한 이본

고대 문헌은 진짜와 가짜가 뒤섞여 있어 감별하기 어렵다. 《논어》는 대체로 신뢰할 만하지만, 후대에 일부 내용이 추가되거나 수정된 부분이 있다.

⊙ 한나라 이후 《논어》의 세 가지 전본

한나라 건국 후 《논어》를 전한 학파는 세 가지로 나뉜다.

《노논어魯論語》 : 현재 통용되는 편차篇次와 같다.

《제논어齊論語》 : 〈문왕問王〉과 〈지도知道〉 두 편이 추가되어 총 22편이며, 《노논어》보다 많다.

《고논어古論語》 : 공씨孔氏의 집 벽에서 발견된 21편의 《논어》로, 편차가 《노논어》·《제논어》와 다르다. 전한前漢의 공안국孔安國과 후한後漢의 마융馬融이 주석을 달았다.

⊙ 후대의 편찬 과정

전한의 장우張禹는 《노논어》와 《제논어》를 비교해 《장후논張侯論》을 편찬했으며, 후한의 포함包咸과 주씨周氏가 주석을 달았다. 정현鄭玄도 이를 참고해 주석을 달았으나 전하지 않는다.

위魏나라 때 하안何晏은 공안국·마융·정현 등의 학설을 모아 자신의 견해를 덧붙여 《논어집해論語集解》를 편찬하였으며, 이는 조정에 올려져 널리 유행하였다.

⊙ 후대 첨가 가능성

《제논어》와 《노논어》의 편차와 장구 차이를 보면, 후대에 추가된 내용이 포함되었을 가능성이 크다. 특히 《제논어》는 《노논어》보다 장구가 많아 후대 첨가된 내용이 더 많았을 것으로 보인다. 장우가 《논어》를 편찬할 때 《노논어》의 편차를 따르면서도 《제논어》에서 장구를 많이 가져온 점은 후대에 경문이 변형되었음을 보여준다.

4. 이인 里仁

惟A

46 子曰 里仁이 爲美하니 擇不處仁이면 焉得知리오 〈里仁 1:1〉

47 子曰 惟仁者아 能好人하며 能惡人이니라 〈里仁 3:1〉

焉得A : 어찌 A할 수 있겠는가
惟A : 오직 A만이

※ 焉의 쓰임 : ① 거기에, 이것보다(=於此/於之) ② 어디, 어찌

焉은 문장의 앞에 오는 경우는 의문사로, 문장의 끝에 오는 경우는 於此의 의미로 사용된다.

- 求仁이 莫近焉이니라 : 인仁을 구함이 이보다 가까운 것은 없다.
- 焉用佞이리오 : 어디에 말재주를 쓰겠는가.

끝에 於此로 풀이되는 경우는 대명사 之와 마찬가지로 매번 풀이하지 않아도 된다.

#70 惟A 獨A 但A 徒A : 오직/유독/다만/한갓 A만이 ; 오직/다만/유독 A하다

문장의 앞에 한정을 뜻하는 부사가 있는 패턴이다. '惟, 唯, 獨, 但, 只, 直, 徒, 是' 등이 사용된다.

46 공자가 말하였다. "마을 〈풍속의〉 어짊이 아름다움이 되니, 〈마을을〉 가려서 어진 곳에 살지 않는다면 어찌 지혜로울 수 있겠는가."

47 공자가 말하였다. "오직 어진 사람[仁者]만이 남을 좋아할 수 있고, 남을 미워할 수 있다."

里 마을 리 擇 가릴 택 焉 어찌 언 知(≒智) 지혜로울 지

CV17762

富·貴 貧·賤 不處·不去 # 苟A

苟A : 진실로/만약 A하면

48 子曰 苟志於仁矣면 無惡(악)也니라 〈里仁 4:1〉

A與B : A와 B
A是B : A는 B이다
以AB : A로써 B하다
不A 不B : A하지 않으면 B하지 않는다

49 子曰 富與貴 是人之所欲也나 不以其道로 得之어든 不處也하며 貧與賤이 是人之所惡(오)也나 不以其道로 得之라도 不去也니라 〈里仁 5:1〉

A斯B : A하면 B하다

50 子曰 人之過也 各於其黨이니 觀過면 斯知仁矣니라 〈里仁 7:1〉

#66 若A 苟A 假令A 設使A : 진실로/만약 A(하)면

문장의 앞에 '若, 如'(만약 ~라면), '誠, 苟'(진실로 ~라도), '假令, 假使'(가령 ~이라면), '雖, 設使'(비록 ~라도) 등을 사용한 패턴이다.

48 공자가 말하였다. "진실로 인仁에 뜻을 둔다면 악행惡行이 없을 것이다."

集註 苟는 誠也라 志者는 心之所之也라 : '苟'는 진실로이다. '志'란 마음이 간 것이다.

49 공자가 말하였다. "부유함과 귀함[富貴]은 사람이 원하는 것이나 올바른 방법으로 얻은 것이 아니면 처하지 않으며, 가난함과 천함[貧賤]은 사람이 싫어하는 것이나 올바른 방법으로 얻은 것이 아니더라도 떠나지 않는다."

50 공자가 말하였다. "사람의 과실過失은 제 〈속한〉 무리에 따라 각각이니, 과실을 보면 〈그 사람이〉 인仁한지 알 수 있다."

- A斯B는 가정의 패턴으로 A則B와 같다.(解 ☞ 35)

苟 진실로 구 賤 천할 천 黨 무리 당

朝聞夕死 惡衣惡食 # 可A

51 子曰 朝聞道면 夕死라도 可矣니라 〈里仁 8:1〉

52 子曰 士志於道而恥惡衣惡食者는 未足與議也니라 〈里仁 9:1〉

未足A : A할 것이 없다

※ '可A, 不可A' 풀이법

可는 '가능, 능력'의 의미로 쓰여 '~할 수 있다'로 풀이하는 경우가 많다. 그러나 '~해도 좋다, ~할 만하다, ~해도 괜찮다' 등의 '허용, 승낙'의 의미로도 자주 쓰이므로 유의해야 한다.

不可는 '~할 수 없다'와 '~해서는 안된다' 등으로 풀이한다.

조문석사朝聞夕死 : 아침에 도道를 들으면 저녁에 죽어도 괜찮음. 진리를 절실하게 추구함을 형용하는 말.

51 공자가 말하였다. "아침에 도道를 들으면 저녁에 죽어도 괜찮다.[朝聞夕死]"

集註 道者는 事物當然之理라 : '道'는 사물의 당연한 이치이다.

52 공자가 말하였다. "선비가 도道에 뜻을 두고서 나쁜 옷과 나쁜 음식을 부끄러워하는 자는 더불어 〈도를〉 의논할 수 없다."

1 4 3 2 5 10 6 7 8 9 11
• 士志於道而恥惡衣惡食者는 未足與議也니라

恥 부끄러울 치

A之於B也 # 莫AB

A之於B也 : A가 B에 있어서
A之B : A를 B하다

53 子曰 君子之於天下也에 無適也하며 無莫也하여 義之與比니라 〈里仁 10:1〉

所以A : A할 방법
莫AB : A를 B하지 않다

54 子曰 不患無位요 患所以立하며 不患莫己知요 求爲可知也니라 〈里仁 14:1〉

#10 A之於B也 : A가 B에 있어(서) ; A가 B에 대하여/대함에

A之於B也는 서술어가 생략된 패턴이다. 보통 於 앞에 在나 對가 있는 형태로 풀이한다.(例 53) 서술어가 구체화된 형태도 있다.(例 44)

#19 所以A : A하는 것 ; A하는 도구 ; A한 까닭 ; A하는 방법

所以를 뒤의 서술어가 꾸미는 패턴이다. 所가 생략되고 以만 사용되어 有以A, 無以A, 未有以A, 亡以A의 형태로 사용되기도 한다.(解 ☞ 208)

53 공자가 말하였다. "군자가 천하의 〈일에 있어서〉 오로지 주장하는 것도 없으며 즐겨 하지 않는 것도 없고 의義를 함께 따를 〈뿐이다〉."

- 無敵, 無莫은 해석이 다양하므로 별도의 번역서 등을 참조하라.
- 義之與比니라 (1 2 3 4)

集註 適은 專主也라 莫은 不肯也라 比는 從也라 : '適'은 오로지 주장함이다. '莫'은 즐겨하지 않음이다. '比'는 따름이다.

54 공자가 말하였다. "지위가 없음을 걱정하지 말고 설 방법[所以]을 걱정하며, 자신을 알아주는 이가 없음을 걱정하지 말고 알려질 만하게 되기를 구해야 한다."

- 不患莫己知요 求爲可知也니라 (5 4 3 1 2 　 4 3 2 1 5)
- 不患莫己知는 부정문에서 대명사인 목적어와 서술어가 도치된 형태이다.(解 ☞ 4)

一以貫之　忠恕　# A而已矣

55 子曰 參乎아 吾道는 一以貫之니라 曾子曰 唯라

56 子出커시늘 門人이 問曰 何謂也잇고 曾子曰 夫子之道는 忠恕而已矣시니라 〈里仁 15:1~2〉

A乎 : A야!
A以B : A로써 B하다
A而已矣 : A일 뿐이다

#71 A而已　A耳　A爾 : A일 뿐이다 ; A일 따름이다

문장의 끝에 놓여 한정을 나타내는 패턴이다. 而已, 而已矣, 也已, 耳, 爾, 已 등이 사용된다.(解 ☞《기본패턴》#72 참조)

일이관지一以貫之 : 하나의 원리로 모든 사물의 이치를 꿰뚫음.
충서忠恕 : 유가儒家의 도덕 규범의 하나. 자기의 심력을 다하여 남을 위하는 것을 충, 자기의 마음을 미루어 남을 이해함을 서라 함.

55 공자가 말하였다. "삼參아! 우리의 도는 하나의 이치로 〈만사萬事를〉 꿰고 있다[一以貫之]."
증자曾子가 말하였다. "네."

集註　參乎者는 呼曾子之名而告之라 貫은 通也라 唯者는 應之速而無疑者也라 : '參乎'는 증자曾子의 이름을 부르고 말씀하신 것이다. '貫'은 통通함이다. '唯'는 응應하기를 속히 하여 의심이 없는 것이다.

56 공자가 나가자, 문인門人들이 물어 말하였다. "무슨 말씀입니까?"
증자가 말하였다. "부자夫子의 도는 충과 서[忠恕]일 뿐이다."

集註　盡己之謂忠이요 推己之謂恕라 而已矣者는 竭盡而無餘之辭也라 : 자기 마음을 다하는 것을 '忠'이라 이르고, 자기 마음을 미루는 것을 '恕'라 이른다. '而已矣'라는 것은 다해서 남음이 없다는 말이다.
• 以己及物은 仁也요 推己及物은 恕也니 違道不遠이 是也라 : 자신으로써 남에게 미침은 인仁이요, 자기 마음을 미루어서 남에게 미침은 서恕이다. 《중용中庸》에서〉 "충忠과 서恕는 도道와 거리가 멀지 않다."고 한 것이 이것이다.

• 증자曾子 : 증삼曾參의 존칭. 춘추시대 노魯나라 사람.
• 문인門人 : 제자. 문하생.
• 부자夫子 : 공자孔子에 대한 존칭.
• 충서忠恕 : 유가儒家의 도덕 규범의 하나. 자기의 심력을 다하여 남을 위하는 것을 충, 자기의 마음을 미루어 남을 이해함을 서라 함.

參 석 삼 ; 사람 이름　貫 꿸 관　唯 대답할 유　恕 용서할 서

君子 小人 孝 一喜一懼 # A於B

A於B : B에 A하다

57 子曰 君子는 喩於義하고 小人은 喩於利니라 〈里仁 16:1〉

A於B : B를 A하다

58 子曰 三年을 無改於父之道라야 可謂孝矣니라 〈里仁 20:1〉

不可不A : A하지 않을 수 없다

59 子曰 父母之年은 不可不知也니 一則以喜요 一則以懼니라 〈里仁 21:1〉

일희일구一喜一懼 : 한편으로 기뻐하고 한편으로는 두려워함.

57 공자가 말하였다. "군자는 의義에 밝고, 소인은 이익[利]에 밝다."

集註 喩는 猶曉也라 : '喩'는 '曉(깨달음)'와 같다.

58 공자가 말하였다. "3년 동안 아버지의 도道를 고치지 말아야 효孝라 이를 수 있다."

- 여기의 於는 '~보다'가 아니라 '~을/를'로 풀이한다.

59 공자가 말하였다. "부모의 나이는 기억하지 않아서는 안 되니, 한편으로는 그 때문에 기쁘고 한편으로는 그 때문에 두렵다."

- 不可는 '~할 수 없다'와 같이 불가능의 경우와 '~해서는 안 된다'와 같이 금지의 경우로 풀이되므로 문장에 따라 적절하게 선택해야 한다.(解 ☞ 51)
- 以는 '~때문에'로 쓰였다.(解 ☞ 20)

集註 知는 猶記憶也라 : '知'는 '記憶(기억함)'과 같다.

喩 밝게 알 유 知 기억할 지 年 나이 년 以 때문 이 懼 두려워할 구

訥言敏行 德不孤 必有鄰 # A之B

60 子曰 古者에 言之不出은 恥躬之不逮也니라 〈里仁 22:1〉

A之B : A를 B하다

61 子曰 君子는 欲訥於言而敏於行이니라 〈里仁 24:1〉

62 子曰 德不孤라 必有鄰이니라 〈里仁 25:1〉

#32 A之B : A를 B하다

'목적어+서술어'가 도치되면서 之가 '목적어+之+서술어'로 삽입된 패턴이다.
A之謂B도 이 패턴에서 확장된 패턴이다.(解 ☞ 72)

눌언민행訥言敏行 : 말은 둔하여도 실제 행동은 재빠르고 능란함.
덕불고德不孤 : 덕(덕 있는 사람)은 외롭지 않음.

60 공자가 말하였다. "옛날에 말을 〈함부로〉 내지 않은 것은 궁행躬行이 〈말에〉 미치지 못함을 부끄러워해서였다."

集註 逮는 及也라 : '逮'는 미침이다.

• 言之不出의 之는 '~을/를'로 풀이한다

61 공자가 말하였다. "군자는 말에는 어눌하고 행동에는 민첩하고자 한다."

62 공자가 말하였다. "덕이 있는 사람은 외롭지 않아 반드시 이웃이 있다."

恥 부끄러울 치 躬 몸 궁 逮 미칠 체 訥 말 더듬거릴 눌 敏 민첩할 민
孤 외로울 고 鄰(=隣) 이웃 린

▩ 읽을거리 4. 《논어》가 제자백가에 미친 영향

공자의 사상은 제자백가의 여러 학파에 다양한 방식으로 영향을 미쳤다.

맹자孟子는 공자의 인仁과 예禮를 계승하면서, 이를 더욱 발전시켜 왕도정치王道政治와 성선설性善說을 주장하였다. 그는 공자가 강조한 도덕적 수양과 교육의 필요성을 더욱 강조하며, 군주는 인仁으로 백성을 다스려야 한다고 보았다.

순자荀子는 공자의 예禮 사상을 계승하면서도 성악설性惡說을 주장하였다. 그는 인간 본성이 악하다고 보았으며, 이를 교화하기 위해 법과 교육이 필요하다고 강조하였다. 이와 연결된 법가法家는 공자의 정치 사상을 현실적으로 해석하여, 덕치보다는 강력한 법과 국가 권력이 필요하다고 주장하였다. 특히 한비자韓非子비는 공자를 이상주의자로 간주하며, 유학의 도덕적 접근이 현실 정치에서 실현되기 어렵다고 비판하였다.

도가道家에서는 공자의 예禮 중심 사상에 반대하며, 자연의 섭리에 순응하는 것이 최선이라고 보았다. 노자는 인위적인 규범과 제도를 부정하고, 무위자연無爲自然을 주장하면서 공자의 사상을 비판하였다. 장자 또한 공자의 군자론을 부정하고, 인간은 자유롭게 살아야 한다는 입장을 견지하였다.

묵가墨家는 공자의 인仁 사상을 일부 받아들이면서도, 이를 발전시켜 겸애兼愛(보편적 사랑) 사상을 주장하였다. 그는 공자가 혈연과 친족 중심의 도덕을 강조한 것과 달리, 모든 사람을 동등하게 사랑해야 한다고 보았다. 또한 실용성과 효율성을 중요하게 여기면서, 유학이 지나치게 형식적인 예禮를 강조한다고 비판하였다.

종횡가縱橫家는 공자의 덕치 사상을 외교적으로 활용하여 국가 간 협력과 연합을 강조하였다. 공자가 신뢰와 도덕적 신의를 중시했던 것처럼, 종횡가도 이를 외교 전략으로 변형하여 사용하였다. 그러나 그들은 현실적이고 실용적인 외교술을 강조하면서, 도덕적 이상보다는 권모술수를 중시하는 경향을 보였다.

5. 공야장 公冶長

冉雍　不佞　漆雕開

63 子謂子賤하사되 君子哉라 若人이여 魯無君子者면 斯焉取斯리오 〈公冶長 2:1〉

A哉B : A하구나! B여
焉A : 어찌 A하겠는가

64 或曰 雍也는 仁而不佞이로다 〈公冶長 4:1〉

A也B : A는 B이다

65 子使漆雕開로 仕하신대 對曰 吾斯之未能信이로소이다 子說(열)하시다 〈公冶長 5:1〉

使AB : A에게 B하게 하다
A之B : A를 B하다

63 공자가 자천子賤을 평하였다. "군자답다! 이러한 사람은. 노魯나라에 군자다운 사람이 없었다면 이 사람이 어디에서 이러한 덕을 취하였겠는가."

64 어떤 사람이 말하였다. "옹雍은 어질긴 하나 말재주가 없다〔不佞〕."

65 공자가 칠조개漆彫開에게 벼슬하게 하자 〈칠조개가〉 대답하여 말하기를 "저는 그 일을 자신할 수 없습니다." 하니, 공자가 기뻐하였다.

- 吾斯之(~을)未能信이로소이다(解 ☞ 60)

集註 信은 謂眞知其如此하여 而無毫髮之疑也라 : '信'은 참으로 이와 같음을 알아 털끝만 한 의심도 없음을 이른다.

- 자천子賤 : 춘추시대 노魯나라 복부제宓不齊의 자字.
- 옹雍 : 춘추시대 노魯나라 사람 염옹冉雍.
- 불녕不佞 : 말주변이 없음.
- 칠조개漆雕開 : 춘추시대 채蔡나라 사람. 일설에는 노魯나라 사람. 자는 자약子若.

冶 풀무 야 ; 성씨　謂 평할 위　斯 면 사　焉 어찌 언　雍 화할 옹 ; 사람 이름
佞 말재주 있을 녕　漆 옻 칠 ; 성씨　雕(≒彫) 아로새길 조 ; 성씨

孟武伯　子路　千乘之國　治賦　# 使AB

66 孟武伯이 問 子路는 仁乎잇가 子曰 不知也로라

A也B : A는 B이다
使A : A하게 하다

67 又問한대 子曰 由也는 千乘之國에 可使治其賦也어니와 不知其仁也로라

#64 使AB　教AB　令AB　俾AB
　: A로 하여금 B하게 하다 ; A에게 B하게 하다 ; A를 B하게 하다

使, 教, 令, 俾가 사용되어 사동을 뜻하는 패턴으로 A는 종종 생략된다.

#65 遣AB　命AB　勸AB　說(세)AB
　: A를 보내어/명하여/권하여/설득하여 B하게 하다

遣, 命, 勸, 說 등의 사동을 뜻하는 한자가 사용되는 패턴도 있다.

#1 A者B　A也B　A也者B　A則B : A는 B이다 ; A라는 것은 B이다

주어 뒤에 者, 也, 則, 也者 등이 결합한 패턴이다.

也는 문장에서 단정종결사로 주로 쓰인다. 이 경우 주어에 붙어 의미를 강조하거나 명사형을 만든다. 문장 83의 由也의 也는 이름 뒤에 붙은 경우이다.

- 맹무백孟武伯 : 춘추시대 노魯나라 사람. 중손체仲孫彘.
- 유由 : 춘추시대 노魯나라 사람. 중유仲由. 자는 자로子路. 공자의 제자. 용맹勇猛하기로 유명함.
- 천승千乘 : 병거兵車 1,000대를 낼 만한 나라.
- 치부治賦 : 군대를 통할統轄함.

66 맹무백孟武伯이 물었다. "자로子路는 어집니까?"
공자가 말하였다. "알지 못하겠구나."

67 〈맹무백이〉 다시 묻자, 공자가 말하였다. "유由는 천승千乘의 나라에 그 군정을 다스리게[治賦] 할 수 있으나, 그가 어진지는 알지 못하겠다."

集註　賦는 兵也라 : '賦'는 군정[兵]이다.

孟 만 맹; 성씨　伯 만 백　乘 수레 단위 승　賦 군비 부

千室之邑 百乘之家 # 與AB

68 求也는 何如하니잇고 子曰 求也는 千室之邑과 百乘之家에 可使爲之宰也어니와 不知其仁也로라

A何如 : A는 어떠한가
使AB : A에게 B하게 하다

69 赤也는 何如하니잇고 子曰 赤也는 束帶立於朝하여 可使與賓客言也어니와 不知其仁也로라 〈公冶長 7:1~4〉

A於B : B에서 A하다
與AB : A와 B하다

70 子謂子貢曰 女與回也로 孰愈오

謂A曰B : A에게 일러 B라고 말하다
A與B : A와 B
孰A : 누가 A하는가

#5-1 與AB : A와 함께 B하다

與AB는 '與A 偕/雙/相/同B' 또는 '連A共B' 등으로 변형 되어 산문·운문에 관계 없이 자주 쓰이게 된다.

68 "구求는 어떠합니까?" 공자가 말하였다. "구는 천실千室의 읍邑과 백승의 가〔百乘之家〕에 재宰가 되게 할 수 있으나 그 인仁한지는 알지 못하겠다."

- 계속 맹무백의 질문이다.

集註 千室은 大邑이요 百乘은 卿大夫之家라 宰는 邑長家臣之通號라 : '千室'은 큰 읍邑이요, '百乘'은 경대부卿大夫의 집안이다. '宰'는 읍장邑長과 가신家臣의 통칭이다.

69 "적赤은 어떠합니까?" 공자가 말하였다. "적은 띠를 두르고 조정에 서서 빈객과 함께 이야기하게 할 수 있으나 그가 인仁한지는 알지 못하겠다."

70 공자가 자공子貢에게 일러 말하였다. "너와 회〔回〕는 누가 나은가?"

- 여기의 與는 단어나 문장을 대등하게 연결하는 A與B(A와 B)에 해당한다.
- 孰은 '누구'를 뜻하는 의문사이다.(解 ☞ 79)

- 구求 : 염구冉求. 춘추시대 노魯나라 사람. 자는 자유子有. 공자의 제자.
- 백승지가百乘之家 : 1백 냥輛의 병거兵車를 낼 만한 채지采地를 가진 집. 경대부卿大夫 집안을 이름.
- 적赤 : 공서적公西赤. 춘추시대 노魯나라 사람. 자字는 자화子華. 공자의 제자.
- 자공子貢 : 춘추시대 위衛나라 사람 단목사端木賜의 자字. 공자의 제자.
- 회回 : 공자의 제자 안회顔回. 자는 자연子淵.

宰 재상 재 束 묶을 속 帶 띠 대 賓 손님 빈 孰 누구 숙 愈 나을 유

聞一知十　不恥下問　# A謂之B

A也B : A는 B이다
A以B : A해서 B하다

71 對曰 賜也 何敢望回리잇고 回也는 聞一以知十하고 賜也는 聞一以知二하노이다 〈公冶長 8 : 1~2〉

何以A也 : 무엇 때문에 A하는가
A謂之B : A를 B라고 말하다

72 子貢이 問曰 孔文子를 何以謂之文也잇고 子曰 敏而好學하며 不恥下問이라 是以로 謂之文也니라 〈公冶長 14 : 1〉

#23 A(者) 謂之B : A를 B라고 말하다

목적어가 서술어의 앞에 나오고 그 자리에 대명사 之가 있는 패턴이다. 者는 종종 생략된다.

※ A(者)謂之B와 A之謂B에서의 之의 풀이법

謂之의 之(그것)는 대명사이고(例 9, 72) 之謂의 之(~을/를)는 어조사(例 17)이다.

'賊仁者를 謂之賊이요'는 보통 '인을 해치는 사람을 그것을 적이라 이른다'로 직역할 수 있다. 그런데 대명사 之를 어조사처럼 '~을/를'로 풀이해서 '인을 해치는 사람을 적이라 이른다' 라고 풀이해도 된다.

문일지십聞一知十 : 하나를 들으면 열을 앎. 매우 총명함을 이르는 말.
불치하문不恥下問 : 아랫사람에게 묻는 것을 부끄럽게 여기지 않음.

71 〈자공이〉 대답하여 말하였다. "제[賜]가 어찌 감히 회[回]를 바라겠습니까. 회는 하나를 듣고서 열을 알고[聞一知十], 저는 하나를 듣고서 둘을 압니다."

72 자공이 물어 말하였다. "공문자孔文子의 〈시호諡號를〉 무엇 때문에 문文이라고 하였습니까?"

공자가 말하였다. "영민하면서도 배우기를 좋아하고, 아랫사람에 묻기를 부끄러워하지 않았다[不恥下問]. 이것 때문에 그를 문文이라고 한 것이다."

• 孔文子를 何以謂之文也잇고 (1 2 5 3 4 5)

• 공문자孔文子 : 춘추시대 위魏나라 사람 공어孔圉. 문文은 시호.

賜 줄 사; 사람 이름　貢 바칠 공; 사람 이름　敏 민첩할 민　恥 부끄러울 치

行己 養民 使民 輕裘 # 盍A

73 子謂子產하사되 有君子之道 四焉하니 其行己也恭하며 其事上也敬하며 其養民也惠하며 其使民也義니라 〈公冶長 15:1〉

A也B : A는 B이다

74 顔淵季路侍러니 子曰 盍(합)各言爾志오

盍A : 어찌 A하지 않는가

75 子路曰 願車馬衣輕裘를 與朋友共하여 敝之而無憾하노이다 〈公冶長 25:1~2〉

願A : A하기를 바라다
與AB : A와 B하다

#50 盍A : 어찌 A하지 않는가

반어의 패턴이다. 盍A는 何不A, 胡不A와 같다.

73 공자가 자산子產을 평하였다. "군자의 도道 네 가지가 그에게 있었으니, 그 몸가짐〔行己〕이 공손하고, 그 윗사람 섬김이 공경스럽고, 그 백성을 기름이 은혜롭고, 그 백성을 부림이 의로웠다."

集註 恭은 謙遜也요 敬은 謹恪也요 惠는 愛利也라 : '恭'은 겸손함이요, '敬'은 삼감이요, '惠'는 사랑하고 이롭게 하는 것이다.

- 자산子產 : 춘추시대 정鄭나라 대부 공손교公孫僑. 자산은 자字.
- 행기行己 : 몸가짐, 처신.

74 안연顔淵과 계로季路가 〈공자를〉 모시고 있는데, 공자가 말하였다. "어찌 각자 너희 뜻을 말하지 않느냐."

75 자로子路가 말하였다. "수레와 말, 가벼운 갖옷〔輕裘〕 입기를 친구와 함께하여 그것을 해지게 하여도 원망함이 없기를 원합니다."

集註 衣는 服之也라 裘는 皮服이라 敝는 壞也요 憾은 恨也라 : '衣'는 입는 것이다. '裘'는 갖옷이다. '敝'는 해짐이요, '憾'은 원망하는 것이다.

- 안연顔淵 : 춘추시대 노魯나라 사람. 이름은 회回. 자는 자연子淵. 가난한 생활 속에서 학문과 도道를 즐김. 후세에 복성復聖이라 불림.
- 계로季路 : 공자의 제자인 중유仲由의 자. 자로子路·계로季路.
- 경구輕裘 : 가볍고 따뜻한 갖옷.

謂 평할 위 恭 공손할 공 淵 못 연;사람 이름 侍 모실 시 盍 어찌 아니할 합
爾 너 이 裘 갖옷 구 敝 해질 폐 憾 한스러워할 감

伐善 施勞 忠信 # 有A者

願A : A하기를 바라다

76 顔淵이 曰 願無伐善하며 無施勞하노이다

77 子路曰 願聞子之志하노이다 子曰 老者를 安之하며 朋友를 信之하며 少者를 懷之니라 〈公冶長 25 : 3~4〉

有A者 : A한 자가 있다
A之B : A가 B하다

78 子曰 十室之邑에 必有忠信如丘者焉이어니와 不如丘之好學也니라 〈公冶長 27 : 1〉

- 벌선伐善 : 자신의 재능을 과시함. 자기의 장점을 자랑함.
- 시로施勞 : 공로를 자랑함.

76 안연顔淵이 말하였다. "잘하는 것을 자랑함〔伐善〕이 없으며 공로를 과시〔施勞〕함이 없기를 바랍니다."

集註 伐은 誇也요 善은 謂有能이라 施亦張大之意라 : '伐'은 자랑함이요, '善'은 능함이 있음을 이른다. '施' 또한 크게 한다는 뜻이다.

77 자로子路가 말하였다. "선생님의 뜻을 듣기를 원합니다."
공자가 말하였다. "나이 든 사람을 편안하게 해주고, 친구를 미덥게 해주고, 젊은이를 감싸주는 것이다."

78 공자가 말하였다. "십 호의 〈작은〉 마을에 반드시 나같이 충신한 사람이 있겠지만, 나같이 배우기를 좋아하지는 못할 것이다."

- 有A者는 者까지가 有의 범위이다.(解 ☞ 175)
- 1 7 2 3 5 4 6 8
  十室之邑에 必有忠信如丘者焉이어니와 : 여기의 焉은 十室之邑을 대신하나 역시 풀이를 생략하는 것이 자연스럽다.
- 6 5 1 2 4 3 7
  일반적으로 不如丘之好學也의 순서(내가 학문을 좋아하는 것만 못하다.)로 볼 수 있으나, 여기서는
  6 2 1 3 5 4 7
  不如丘之好學也의 순으로 기억하자.

淵 못 연 ; 사람 이름　伐 자랑할 벌　施 과시할 시　勞 공 로　懷 품을 회

연습문제

밑줄 친 구절의 직역을 쓰시오.

- 惟仁者아 能好人하며 能惡人이니라 ☞ 47번 문장 참조
- 貧與賤이 是人之所惡也나 不以其道로 得之라도 不去也니라 ☞ 49
- 顔淵이 曰 願無伐善하며 無施勞하노이다 ☞ 76

풀이를 참조하여 □ 안에 알맞은 한자를 쓰시오.

- 君子之至□斯也에 吾未嘗不得見也로라 ☞ 44
  : 군자가 여기에 이름에 내 일찍이 만날 수 없던 적이 없었다.
- 里仁이 爲美하니 擇不處仁이면 □得知리오 : 마을 〈풍속의〉 어짊이 아름다움이 되니, 〈마을을〉 가려서 인한 곳에 살지 않는다면 어찌 지혜로울 수 있겠는가. ☞ 46
- 由也는 千乘之國에 可□治其賦也어니와 不知其仁也로라 ☞ 67
  : 유는 천승의 나라에 그 군정을 다스리게 할 수 있으나, 그가 어진지는 알지 못하겠다.

풀이를 참조하여 ( )에 제시된 한자를 □ 안에 바르게 나열하시오.

- □□□□□면 無惡也니라 : 진실로 인에 뜻을 둔다면 악행이 없을 것이다. ☞ 48
  (志 仁 苟 於 矣)
- □□□□□□□에 無適也하며 無莫也하여 義之與比니라 : 군자가 천하의 〈일에 있어서〉 오로지 주장하는 것도 없으며 즐겨 하지 않는 것도 없고 의를 함께 따를 뿐이다. ☞ 53
  (子 也 之 下 於 天 君)
- 顔淵季路侍러니 子曰 □□□□□오 : 안연과 자로가 〈공자를〉 모시는데, 공자가 말하였다. "어찌 각자 너희 뜻을 말하지 않는가." ☞ 74
  (各 言 盍 爾 志)

6. 옹야 雍也

不遷怒不貳過 # 孰A

孰A : 누가 A하는가
A也則B : A에는 B하다

79 哀公이 問 弟子孰爲好學이니잇고 孔子對曰 有顏回者好學하여 不遷怒하며 不貳過하더니 不幸短命死矣라 今也則亡(무)하니 未聞好學者也니이다 〈雍也 2:1〉

#45 孰A 誰A : 누가 A하는가? ; A는 누구인가? ; 누구/무엇을 A하는가?

주로 '누구'의 의미로 사용하며 문장의 앞 부분에 위치한다.(例 70, 79, 93, 146, 156, 201, 202) 간혹 사물을 '무엇'의 의미로 사용한 경우도 있다.

불천노불이과不遷怒不貳過 : 이쪽에서 성난 마음을 저쪽에 옮겨 성내지 아니하고, 한 번 저지른 잘못을 거듭 범하지 아니함.

• 애공哀公 : 춘추시대 노魯나라 임금. 이름은 장蔣, 또는 장將. 시호는 애哀. 정공定公의 아들.

79 애공哀公이 물었다. "제자弟子 중에 누가 호학好學을 합니까?"

공자가 대답하여 말하였다. "안회顏回란 자가 있어 학문을 좋아하여 노여움을 옮기지 않았고 잘못을 거듭 〈범하지〉 않았는데, 불행히 명이 짧아 죽었습니다. 지금에는 없으니, 아직 학문學問을 좋아하는 사람을 듣지 못했습니다."

集註 遷은 移也요 貳는 復也라 : '遷'은 옮김이요, '貳'는 다시 함이다.

CV17795

孰 누구 숙 遷 옮길 천 貳 거듭할 이 亡(≒無) 없을 무

從政 # 於A乎何有

80 季康子問 仲由는 可使從政也與잇가 子曰 由也는 果하니 於從政乎에 何有리오 曰 賜也는 可使從政也與잇가 曰 賜也는 達하니 於從政乎에 何有리오 曰 求也는 可使從政也與잇가 曰 求也는 藝하니 於從政乎에 何有리오 〈雍也 6:1〉

使A : A하게 하다
A也與 : A하는가
A也B : A는 B이다
於A乎何有 : A함에 무슨 어려움이 있겠는가

#49 **A何有 於A乎何有 何A之有 : A함에 무슨 어려움이 있겠는가 ; 무슨 A가 있겠는가**

주로 반어로 사용되며 何有는 何難之有의 준말이다.(例 80, 159)
何A之有는 A에 구체적인 한자가 들어간 패턴이다.(例 122)

80 계강자季康子가 물었다. "중유仲由(자로)는 정사에 종사[從政]하게 할 만합니까?" 공자가 말하였다. "유由는 과감하니 정사에 종사함에 무슨 어려움이 있겠습니까."

〈계강자가〉 말하였다. "사賜(자장)는 정사에 종사하게 할 만합니까?" 〈공자가〉 말하였다. "사는 〈사리에〉 통달하였으니 정사에 종사함에 무슨 어려움이 있겠습니까."

〈계강자가〉 말하였다. "구求(염유)는 정사에 종사하게 할 만합니까?" 〈공자가〉 말하였다. "구는 다재다능하니 정사에 종사함에 무슨 어려움이 있겠습니까."

- 의문의 패턴으로 묻고 반어의 패턴으로 대답하고 있다.

集註 從政은 謂爲大夫라 果는 有決斷이요 達은 通事理요 藝는 多才能이라 : '從政'은 대부大夫가 됨을 이른다. '果'는 결단성이 있는 것이다. '達'은 사리事理에 통달함이다. '藝'는 재능才能이 많음이다.

- 계강자季康子 : 춘추시대 노魯나라 대부大夫. 시호는 강康. 사斯의 아들. 이름은 계손비季孫肥.
- 중유仲由 : 공자의 제자. 자는 자로子路.
- 종정從政 : 정사政事에 참여함. 정사를 처리함.

康 편안할 강 仲 버금 중 賜 줄 사 ; 사람 이름 藝 재주 예

簞食瓢飮 # 無A

A哉B也 : A하구나! B여
A也B : A는 B이다

81 子曰 賢哉라 回也여 一簞食와 一瓢飮으로 在陋巷을 人不堪其憂어늘 回也 不改其樂하니 賢哉라 回也여 〈雍也 9:1〉

謂A曰B : A에게 일러 B라고 말하다
無A : A하지 말라

82 子謂子夏曰 女爲君子儒요 無爲小人儒하라 〈雍也 11:1〉

단사표음簞食瓢飮 : 대그릇에 담긴 밥과 표주박에 담긴 물. 안빈낙도安貧樂道하는 생활, 청빈淸貧하고 소박한 생활을 이르는 말.

81 공자가 말하였다. "어질구나. 회回(안회)여! 한 대그릇의 밥[簞食]과 한 표주박의 물[瓢飮]로 누추한 마을에 사는 것을 사람들은 그 근심을 견디지 못하는데 안회는 그 즐거움을 고치지 않으니 어질구나. 안회여!"

82 공자가 자하子夏에게 일러 말하였다. "너는 군자君子인 선비가 되고 소인小人인 선비가 되지 말라."

集註 儒는 學者之稱이라 : '儒'는 학자學者의 칭호이다.

• 君子儒는 爲己요 小人儒는 爲人이니라 : 군자인 선비[君子儒]는 자신의 〈인격수양을〉 위해 〈학문을 하고〉, 소인인 선비[小人儒]는 남에게 〈보여주기〉 위해 〈학문을 한다〉.

• 자하子夏 : 춘추시대 위衛나라 사람. 복상卜商의 자. 공자의 제자. 문학文學에 뛰어남.
• 군자君子 : 덕망이 높고 인품이 뛰어난 사람.
• 소인小人 : 식견이 얕고 좁은 사람.

簞 소쿠리 단 食 밥 사 瓢 바가지 표 陋 더러울 루 巷 거리 항 堪 견딜 감
樂 즐길 락 女(≒汝) 너 여 儒 선비 유

文質彬彬 知之 好之 樂之 # A然後B

83 子曰 質勝文則野요 文勝質則史니 文質이 彬彬然後에 君子니라 〈雍也 16:1〉

A則B : A하면 B하다
A然後B : A한 뒤에 B하다

84 子曰 知之者 不如好之者요 好之者 不如樂之者니라 〈雍也 18:1〉

A者B : A는 B이다
A不如B : A는 B만 못하다

A然後B : A한 뒤에 B하다

사건이나 사실이 순차적으로 나열된 패턴이다.(例 83, 128) 而後(例 110), 以後 등과 통용된다.

문질빈빈文質彬彬 : 겉의 꾸밈과 속의 실질이 알맞게 조화를 이루어 화려하면서도 매우 질박함.

83 공자가 말하였다. "질質이 문文을 이기면 촌스럽고, 문이 질을 이기면 겉만 번지르르하니, 문과 질[文質]이 조화를 이룬[彬彬] 뒤에야 군자이다."

集註 野는 野人이니 言鄙略也요 史는 掌文書니 多聞習事而誠或不足也라 彬彬은 猶班班이니 物相雜而適均之貌라 : '野'는 야인野人(촌사람)이니 비루하고 소략함을 말하고, '史'는 문서를 맡은 자이니 견문見聞이 많고 일에 익숙하나 성실함이 혹 부족한 것이다. '彬彬'은 '班班'과 같으니, 물건이 서로 섞여 적당한 모양이다.

84 공자가 말하였다. "〈도를〉 아는 사람[知之者]은 좋아하는 사람[好之者]만 못하고, 좋아하는 사람은 즐기는 사람[樂之者]만 못하다."

- 문질文質 : 문장의 화려함과 질박함. 또는 꾸밈과 실질.
- 빈빈彬彬 : 문채와 바탕이 모두 잘 갖추어짐. 문질文質을 겸비함.
- 지지자知之者, 호지자好之者, 낙지자樂之者 : '아는 사람, 좋아하는 사람, 즐기는 사람'을 뜻하는 말로 학문을대하는 태도를 단계적으로 나타낸 말. 아는 것과 좋아하는 정도를 벗어나 정성과 시간을 들여 즐긴다면 무엇이든 이룰 수 있음을 강조.

野 촌스러울 야 史 화사할 사 彬 빛날 빈 樂 즐길 락

樂山樂水 博文約禮 # 其A乎

A者B : A는 B이다

85 子曰 知者는 樂水하고 仁者는 樂山이니 知者는 動하고 仁者는 靜하며 知者는 樂하고 仁者는 壽니라 〈雍也 21:1〉

A於B : B를 A하다
可以A : A할 수 있다
A矣夫 : A하리라!

86 子曰 君子 博學於文이요 約之以禮면 亦可以弗畔矣夫인저 〈雍也 25:1〉

其A矣乎 : 참으로 A하구나!

87 子曰 中庸之爲德也 其至矣乎인저 民鮮이 久矣니라 〈雍也 27:1〉

요산요수樂山樂水 : 산을 좋아하고 물을 좋아함. 각자의 취향이 서로 다름을 비유하는 말.
박문약례博文約禮 : 고금의 전적典籍을 널리 보고 예禮로써 자신을 검속檢束함.

- 지자智者 : 지혜智慧가 있는 사람.
- 인자仁者 : 덕행德行이 있는 사람.
- 박학博學 : 널리 학문과 기예技藝를 학습함. 여러 학문을 익힘.
- 약례約禮 : 몸가짐을 예법에 맞도록 단속함.
- 중용中庸 : 유교儒敎의 정치·철학 사상의 하나. 중中은 지나치거나 모자람이 없고, 용庸은 변동이 없다는 뜻.

85 공자가 말하였다. "지혜로운 사람[智者]은 물을 좋아하고[樂水] 어진 사람[仁者]은 산을 좋아하니[樂山], 지혜로운 사람은 동적이고 어진 사람은 정적이며, 지혜로운 사람은 낙천적이고 어진 사람은 장수한다."

86 공자가 말하였다. "군자가 문을 널리 배우고[博學] 예로써 요약한다면[約禮] 또한 그로써 〈도에〉 어긋나지 않을 수 있으리라."

集註 約은 要也요 畔은 背也라 : '約'은 요약함이요, '畔'은 위배됨이다.

87 공자가 말하였다. "중용中庸의 덕됨이 참으로 지극하구나! 〈이 덕을 가진〉 사람이 적은 지 오래되었구나."

- 其至矣乎의 其는 '참으로'로 풀이한다.(解 ☞ 5)

集註 中者는 無過不及之名也요 庸은 平常也라 至는 極也요 鮮은 少也라 : '中'은 지나치거나 미치지 못함이 없는 것의 명칭이요, '庸'은 평상平常이다. '至'는 극진함이요, '鮮'은 적음이다.

知(≒智) 지혜 지 樂 좋아할 요 博 넓을 박 約 요약할 약 弗 아니 불
畔 배반할 반 鮮 드물 선

博施濟衆 # A何如 # A而B

88 子貢이 曰 如有博施於民而能濟衆혼댄 何如하니잇고 可謂仁乎잇가 子曰 何事於仁이리오 必也聖乎인저 堯舜도 其猶病諸(저)시니라

如A : 만약 A하면
A何如 : A를 어찌해야 하는가
其A諸 : 분명 A일 것이다

89 夫仁者는 己欲立而立人하며 己欲達而達人이니라

〈雍也 28 : 1~2〉

A而B : A하면 B하다

#46 A何如 何如A 如A何 A奈何 : A는 어떠한가? ; 어찌하여 A하는가? ; A를 어찌해야 하는가?

何如의 목적어에 해당하는 말이 앞이나 뒤에 위치한 패턴이고, 如何에 대명사 之가 목적어로 들어간 如之何 패턴도 있다.

#68 A而B : A하면 B하다 ; A라도 B하다

而가 두 문장의 사이에서 위치하여 앞 문장을 '~이면, ~하면' 등의 가정이나 조건으로 풀이하는 패턴이다.(例 5, 18, 20, 94, 158)

88 자공子貢이 말하였다. "만일 백성에게 〈은혜를〉 널리 베풀어[博施] 많은 사람을 구제[濟衆]할 수 있다면 어떠합니까? 인仁이라 말할 수 있습니까?"
공자가 말하였다. "어찌 인仁에 그치겠는가. 반드시 성인聖人일 것이다. 요순堯舜도 분명 오히려 부족하게 여겼을 것이다.

集註 博은 廣也라 : '博'은 넓음이다.

• 事는 止의 의미이다.

• 박시제중博施濟衆 : 널리 사랑과 은혜를 베풀어서 대중을 구제함.

89 무릇 어진 사람은 자신이 서고자 하면 남도 서게 하고, 자신이 통달하고자 하면 남도 통달하게 한다.

博 넓을 박 濟 구제할 제 事 그칠 사 堯 요임금 요 舜 순임금 순 病 부족할 병

7. 술이 述而

束脩 擧一反三 三隅反 # 不A 不B

自A以B : A로부터 B로는

未嘗無A : 일찍이 A하지 않은 적이 없다

不A 不B : A하지 않으면 B하지 않는다

以AB : A로써 B하다

90 子曰 自行束脩以上은 吾未嘗無誨焉이로라 〈述而 7:1〉

91 子曰 不憤이어든 不啓하며 不悱어든 不發호되 擧一隅에 不以三隅反이어든 則不復也니라 〈述而 8:1〉

거일반삼擧一反三 : 한 가지 단서를 들어 말하면 다른 세 가지 일을 미루어 앎. 유추類推하여 다른 것까지 통달함을 이름. = 삼우반三隅反.

• 속수束脩 : 열 장을 한 단으로 묶은 육포肉脯. 일상적으로 쓰는 예물. 전의되어 스승을 뵐 때 가져가는 예물을 의미함.

90 공자가 말하였다. "속수束脩의 예禮를 행한 자부터 이상은 내 일찍이 그를 가르치지 않은 적이 없었다."

91 공자가 말하였다. "〈마음으로〉 분발하지 않으면 열어주지 않으며, 표현하려 애태우지 않으면 말해주지 않으며, 한 모퉁이를 들어주었는데 세 모퉁이로 반증하지[三隅反] 않으면 다시 〈가르쳐주지〉 않는다."

• '不A 不B'는 가정의 패턴이다.(解 ☞ 183)

集註 憤者는 心求通而未得之意요 悱者는 口欲言而未能之貌라 啓는 謂開其意요 發은 謂達其辭라 : '憤'은 마음으로 통하려고 하나 되지 않아 애태우는 뜻이요, '悱'는 입으로 말하려고 하나 능하지 못하여 애태우는 모양이다. '啓'는 그 뜻을 열어줌을 이르고, '發'은 그 말문을 열어줌을 이른다.

CV17806

脩 포 수　誨 가르칠 회　憤 분발할 분　啓 열 계　悱 애태울 비　隅 모퉁이 우　復 다시 부

用行舍藏　三軍　暴虎馮河

92 子謂顔淵曰 用之則行하고 舍之則藏을 惟我與爾有是夫인저

謂A曰B : A에게 일러 B라고 말하다
惟A與B : 오직 A와 B만이
A夫 : A하구나!

93 子路曰 子行三軍이면 則誰與시리잇고

誰A : 누구와 A하는가

94 子曰 暴虎馮河하여 死而無悔者를 吾不與也니 必也臨事而懼하며 好謀而成者也니라 〈述而 10 : 1~3〉

A也 : A하게

용행사장用行舍藏 : 임용되면 자기의 도道를 행하고 임용되지 않으면 물러나서 은거함을 이름.
포호빙하暴虎馮河 : 호랑이를 맨손으로 때려잡고, 황하黃河를 맨몸으로 건넘. 용기는 있으나 꾀가 없어 위험을 무릅쓰고 무모하게 행동함을 비유함.

92 공자가 안연顔淵에게 일러 말하였다. "자신을 써주면 도를 행하고〔用行〕 자신을 버리면 은둔하는 것〔舍藏〕은 오직 나와 너만이 이런 점이 있구나."

93 자로子路가 말하였다. "선생님께서 삼군三軍을 통솔하신다면 누구와 함께하겠습니까?"

94 공자가 말하였다. "호랑이를 맨손으로 잡고 황하黃河를 맨몸으로 건너다가〔暴虎馮河〕 죽어도 후회가 없는 자를 나는 함께하지 않을 것이다. 〈내가 함께할 사람은〉 반드시 일에 임하여 두려워하고 도모圖謀하기를 좋아하여 성공하는 사람이다."

- A也는 '~하게, ~히'로 풀이하는 패턴이다.(解 ☞ 129)

- 안연顔淵 : 안회顔回의 성姓과 자字 자연子淵을 아울러 부르는 말.
- 자로子路 : 중유仲由의 자.
- 삼군三軍 : 군대의 통칭.

舍(≒捨) 버릴 사　暴 맨손으로 칠 포　馮 건널 빙　悔 뉘우칠 회　臨 임할 림
懼 두려워할 구　謀 꾀 모

執鞭之士 冉有 子貢

雖A : 비록 A라도
如A : 만약 A하면

95 子曰 富而可求也인댄 雖執鞭之士라도 吾亦爲之어니와 如不可求인댄 從吾所好호리라 〈述而 11:1〉

將A : 장차 A하겠다

96 冉有曰 夫子爲衛君乎아 子貢曰 諾다 吾將問之호리라

- 집편執鞭 : 채찍을 잡고 수레를 몲. 곧 비천한 일.
- 염유冉有 : 염구冉求의 다른 이름.
- 위군衛君 : 춘추시대 위衛나라 군주인 출공出公 첩輒.

95 공자가 말하였다. "부를 만약[而] 구할 수 있는 것이라면 비록 채찍을 잡는 사람[執鞭之士]이라도 나 역시 그것을 하겠으나, 만약 구할 수 없는 것이라면 내가 좋아하는 것을 따르겠다."

- 富而可求也의 而는 보통 '만약'으로 풀이한다.
- 그런데 《논어정의論語正義》에서는 '若富貴而於道可求者, 雖…(만약 富貴가 道義에 있어 구해서 되는 것이라면 비록 …)' 처럼 '若'을 넣어 풀이하고 있다. 이를 따를 경우는 若은 생략된 것으로, 而는 'A를 B하다'의 패턴으로 보아 '만약 부를 구할 수 있는 것이라면 비록 …'으로 풀이할 수 있다.

96 염유冉有가 말하였다. "선생님은 위나라 임금[衛君]을 도우실까?"
자공子貢이 말하였다. "좋다. 내가 그것을 물어보겠다."

集註 爲는 猶助也라 : '爲'는 '助(돕다)'와 같다.

而 만약 이 鞭 채찍 편 冉 나아갈 염 ; 성씨 衛 지킬 위 諾 느리게 대답할 락

飮水曲肱 疏食

97 入曰 伯夷叔齊는 何人也잇고 曰 古之賢人也니라 曰 怨乎잇가 曰 求仁而得仁이어니 又何怨이리오 出曰 夫子不爲也시리라 〈述而 14:1~2〉

何A也 : 어떤 A인가

98 子曰 飯疏食(사)飮水하고 曲肱而枕之라도 樂亦在其中矣니 不義而富且貴는 於我에 如浮雲이니라 〈述而 15:1〉

A且B : A하고 B하다

99 葉(섭)公이 問孔子於子路어늘 子路不對한대

음수곡굉飮水曲肱 : 마음이 깨끗하고 욕심이 적어 안빈낙도安貧樂道하는 생활을 형용하여 이르는 말.

97 〈자공이〉 들어가 말하였다. "백이伯夷와 숙제叔齊는 어떤 사람입니까?" 〈공자가〉 말하였다. "옛날의 현인이었다."
자공이 말하였다. "〈그들은〉 원망하였습니까?" 〈공자가〉 말하였다. "인을 구하여 인을 얻었으니, 또 무엇을 원망했겠는가."
〈자공이〉 나와서 말하였다. "선생님은 돕지 않을 것이다."

98 공자가 말하였다. "거친 밥을 먹고〔疏食〕 물을 마시며〔飮水〕 팔을 굽혀서〔曲肱〕 그것을 베더라도 즐거움이 또한 그 가운데 있으니, 의롭지 않으면서 부유하고 또 귀함은 나에게 뜬구름과 같다."

99 섭공葉公이 자로에게 공자에 〈대하여〉 묻자, 자로가 대답하지 못하였는데,

伯 맏 백 夷 오랑캐 이; 사람 이름 齊 가지런할 제; 사람 이름 疏 거칠 소
肱 팔뚝 굉 枕 벨 침 麤 거칠 추

- 백이伯夷 : 상商나라 말기 고죽孤竹의 왕자. 이름은 윤允. 자는 공신公信. 고죽군孤竹君 묵태초墨台初의 아들.
- 숙제叔齊 : 상商나라 말기 고죽孤竹의 왕자. 이름은 지智·치致. 자는 공달公達. 시호는 제齊. 고죽군孤竹君 묵태초墨台初의 아들.
- 소사疏食 : 거친 밥. 변변하지 못한 음식.
- 곡굉曲肱 : 팔을 굽혀 베개 삼아 벰.
- 섭공葉公 : 춘추시대 초楚나라 심제량沈諸梁이 참칭僭稱한 작호爵號.

發憤忘食 樂以忘憂 生而知之 三人行必有我師 # A云爾

A也B : A는 B이다
A以B : A로써 B하다
A之B : A가 B하다
A云爾 : A라고 하다

100 子曰 女奚不曰 其爲人也 發憤忘食하고 樂以忘憂하여 不知老之將至云爾오 〈述而 18:1~2〉

101 子曰 我非生而知之者라 好古敏以求之者也로라 〈述而 19:1〉

102 子曰 三人行에 必有我師焉이니 擇其善者而從之요 其不善者而改之니라 〈述而 21:1〉

#24 A云爾 : A라고 말할 뿐이다 ; A라고 하다 ; A라고 하지 …

云爾는 曰이 이끄는 인용문의 뒤에서 가상의 말을 표시한다.

발분망식發憤忘食 : 끼니까지 잊을 정도로 어떤 일에 열중하여 노력함.
낙이망우樂以忘憂 : 도道를 즐겨 근심을 잊음.
삼인행필유아사三人行必有我師 : 세 사람이 함께 길을 가거나 일을 하면, 그 가운데 반드시 내가 배우거나 본받을 스승이 있다는 말.

• 위인爲人 : 사람 됨됨이.

100 공자가 말하였다. "너는 어찌 〈이렇게〉 말하지 않았느냐. '그 사람됨[爲人]이 〈터득하지 못하면〉 분발하여 먹는 일을 잊고[發憤忘食], 〈터득하면〉 즐거워 근심을 잊어[樂以忘憂], 늙음이 장차 이르는 줄 알지 못한다'고."

101 공자가 말하였다. "나는 나면서부터 아는 사람이 아니다. 옛것을 좋아하고 민첩하게 그것을 구하는 사람이다."

• 好古敏以求之者也로라 (2 1 3 4 6 5 7 8)

• 불선不善 : 좋지 못함. 착하지 않음. 또는 나쁜 일.

102 공자가 말하였다. "세 사람이 길을 감에 반드시 그중에 나의 스승이 있으니, 그 선한 것을 가려서 〈선한 점을〉 따르고, 그 선하지 못한 것[不善]을 〈가려서 나의 선하지 못한 점을〉 고쳐야 한다."

葉 땅 이름 섭 奚 어찌 해 憤 분발할 분 爾 뿐 이

二三子

103 子曰 二三子는 以我爲隱乎아 吾無隱乎爾로라 吾無行而不與二三子者 是丘也니라 〈述而 23:1〉

以A爲B : A를 B라고 여기다
A乎B : B에게 A하다

104 子曰 仁遠乎哉아 我欲仁이면 斯仁이 至矣니라 〈述而 29:1〉

A乎哉 : A하겠는가
A斯B : A하면 B하다

105 子曰 奢則不孫하고 儉則固니 與其不孫也론 寧固니라 〈述而 35:1〉

與其A也 寧B : A하기 보다는 차라리 B하겠다

#16 以A爲B A以爲B : A를 B라고 여기다/말하다/삼다

A以爲B는 以A가 A以로 도치되어 목적어가 강조된 패턴이다.(例 33, 41, 44, 103, 166, 208)

※ 是의 쓰임

是는 문장에서 ①그것, 이것(例 14, 36, 161, 201) ②옳다, 맞다(例 217) ③~이다(例 49) ④~을(例 149, 176) ⑤바로, 단지(例 28, 103) 등으로 사용된다.

103 공자가 말하였다. "너희들[二三子]은 나를 숨긴다고 여기는가? 나는 너희들에게 숨기는 게 없다. 나는 행하고 너희에게 보여주지 않음이 없는 사람이니, 그것이 바로 나이다."

- 乎爾는 《孟子, 盡心下》(38章)에서는 어조사로 쓰이기도 한다.

集註 與는 猶示也라 : '與'는 '示(보여줌)'와 같다.

- 이삼자二三子 : 너희들. 스승이 제자들을 부르는 말.

104 공자가 말하였다. "인仁이 멀리 있는가. 내가 인을 하려 하면 인이 이를 것이다."

105 공자가 말하였다. "사치하면 불손하고 검소하면 고루하니, 불손하기보다는 차라리 고루하겠다."

集註 孫은 順也요 固는 陋也라 : '孫'은 공순恭順함이요, '固'는 고루함이다.

隱 숨길 은 爾 너 이 與 보여줄 여 孫(≒遜) 공손할 손 奢 사치할 사 儉 검소할 검

연습문제

밑줄 친 구절의 직역을 쓰시오.

☞ 80번 문장 참조
- 子曰 由也는 果하니 於從政乎에 何有리오

☞ 98
- 不義而富且貴는 於我에 如浮雲이니라

☞ 100
- 發憤忘食하고 樂以忘憂하여 不知老之將至니라

풀이를 참조하여 ☐ 안에 알맞은 한자를 쓰시오.

☞ 82
- 女☐君子儒요 ☐☐小人儒하라
  : 너는 군자인 선비가 되고 소인인 선비가 되지 말라

☞ 83
- 文質이 彬彬☐☐에 君子니라 : 문과 질이 조화를 이룬 뒤에야 군자이다

☞ 95
- 如不可求인댄 從吾☐好호리라
  : 만약 구할 수 없는 것이라면 내가 좋아하는 것을 따르겠다.

풀이를 참조하여 ( )에 제시된 한자를 ☐ 안에 바르게 나열하시오.

☞ 84
- 好之者 ☐☐☐☐☐니라 : 그것을 좋아하는 사람은 그것을 즐기는 사람만 같지 못하다.
  (如 不 之 者 樂)

☞ 92
- ☐☐☐☐하고 ☐☐☐☐을 惟我與爾有是夫인저 : 자신을 써주면 도를 행하고 자신을 버리면 은둔하는 것은 오직 나와 너만이 이런 점이 있구나.
  (之 用 行 則 藏 則 舍 之)

☞ 102
- 三人行에 ☐☐☐☐☐이라 : 세 사람이 길을 가면 반드시 거기에 나의 스승이 있다.
  (有 必 焉 我 師)

8. 태백 泰伯

鳥死鳴哀　人死言善　# A之將B

106 曾子有疾이어시늘 孟敬子問之러니

107 曾子言曰 鳥之將死에 其鳴也 哀하고 人之將死에 其言也 善이니라

A之將B : A가 장차 B함에
A也B : A는 B이다

106 증자曾子가 병이 있자, 맹경자孟敬子가 문병하였다.

集註　問之者는 問其疾也라 : '問之'는 〈증자曾子의〉 병을 위문慰問한 것이다.

107 증자가 말하였다. "새가 장차 죽으려 할 때에는 그 울음소리가 슬프고, 사람이 장차 죽으려 할 때에는 그 말이 선善합니다.

集註　言은 自言也라 : '言'은 스스로 말하는 것[自言]이다.

- 증자曾子 : : 춘추시대 노魯나라 사람. 증삼曾參의 존칭.
- 맹경자孟敬子 : 춘추시대 노魯나라의 대부大夫 중손 첩仲孫捷. 시호는 경敬. 무백武伯의 아들.

疾 병 질

CV17822

籩豆 有司 任重道遠 # 所A者

所A者 : A하는 것
A乎B : B에서 A하다
A斯B : A에는 B하다
A則B : A는 곧 B이다

108 君子所貴乎道者 三이니 動容貌에 斯遠暴慢矣며 正顏色에 斯近信矣며 出辭氣에 斯遠鄙倍矣니 籩豆之事則有司存이니라 〈泰伯 4 : 1~3〉

不可A : A해서는 안 된다

109 曾子曰 士不可以不弘毅니 任重而道遠이니라

所A者 : A하는 것

所A나 A者와 유사하며 所謂A者, 所以A者 등으로 확장되어 쓰인다.

- 용모容貌 : 얼굴과 생김새. 또는 온몸의 모습.
- 포만暴慢 : 흉포하고 오만함.
- 사기辭氣 : 말이나 문장의 기세.
- 비배鄙倍 : 천박하고 도리에 어긋남.
- 변두籩豆 : 제사나 연회 때 쓰던 그릇. 변籩은 대[竹]로, 두豆는 나무[木]로 만듦.
- 유사有司 : 관리官吏. 벼슬아치.
- 임중도원任重道遠 : 짐은 무겁고 갈 길이 멀다는 뜻으로, 책임은 무겁고 해야 할 일이 많음을 이르는 말. = 임중도유任重道悠.

108 군자가 도道에서 귀하게 여기는 바가 셋이니, 용모容貌를 움직일 때는 포악함과 거만함[暴慢]을 멀리하며, 안색容貌을 바르게 할 때는 성실함에 가깝게 하며, 말을 낼[辭氣] 때는 비루하고 〈도리에〉 어긋남[鄙倍]을 멀리해야 하니, 변두籩豆의 〈사소한〉 일은 곧 담당관[有司]이 있습니다."

集註 貴는 猶重也라 容貌는 擧一身而言이라 暴는 粗厲也요 慢은 放肆也라 信은 實也라 : '貴'는 '重(귀하게 여김)'과 같다. '容貌'는 온몸을 들어 말한 것이다. '暴'는 거칠고 사나움이요, '慢'은 방자함이다. '信'은 성실함이다.

• 辭는 言語요 氣는 聲氣也라 鄙는 凡陋也요 倍는 與背同하니 謂背理也라 籩은 竹豆요 豆는 木豆라 : '辭'는 언어言語이고, '氣'는 목소리와 숨이다. '鄙'는 비루함이고, '倍'는 배背와 같으니, 이치에 위배됨을 이른다. '籩'은 대나무로 만든 제기이고, '豆'는 나무로 만든 제기이다.

109 증자曾子가 말하였다. "선비는 마음이 넓고 굳세지 않아서는 안 되니, 책임은 무겁고 길은 멀어서다[任重道遠].

集註 弘은 寬廣也요 毅는 强忍也라 : '弘'은 너그럽고 넓은 것이요, '毅'는 강强하고 참는 것이다.

貌 모양 모 斯(≒則) 어조사 사 ; ~에는 慢 거만할 만 辭 말씀 사 鄙 더러울 비
倍(≒背) 등질 배 籩 제기 변 豆 제기 두 司 맡을 사 弘 클 홍 毅 굳셀 의

興於詩 · 立於禮 · 成於樂 篤信好學 守死善道 # A以爲B

110 仁以爲己任이니 不亦重乎아 死而後已니 不亦遠乎아 〈泰伯 7:1~2〉

A以爲B : A를 B로 여기다
不亦A乎 : 또한 A하지 아니한가

111 子曰 興於詩하며

112 立於禮하며

113 成於樂(악)이니라 〈泰伯 8:1~3〉

114 子曰 篤信好學하며 守死善道니라

110 인仁을 자기의 임무로 여기니 또한 무겁지 아니한가. 죽은 뒤에 그만두니 또한 멀지 아니한가."

- 不亦A乎는 반어형 문장이다.

111 공자가 말하였다. "시詩에서 일으키며,

集註 興은 起也라 : '興'은 흥기興起함이다.

112 예禮에서 확립하며,

113 음악[樂]에서 완성한다."

114 공자가 말하였다. "독실하게 〈도를〉 믿으면서 배우기를 좋아하며[篤信好學], 목숨을 바쳐 지키면서[守死] 도를 잘 행해야 한다.

- 好學과 善道를 대문對文으로 보아 善道를 '도를 좋아하다'로 풀이하는 견해도 있다.

- 독신호학篤信好學 : 독실하게 신봉하고 배우기를 좋아함.

任 임무 임 篤 도타울 독

有道 無道 # A且B

A則B : A하면 B하다

115 危邦不入하고 亂邦不居하며 天下有道則見(현)하고 無道則隱이니라

A且B : A하고 B하다

116 邦有道에 貧且賤焉이 恥也며 邦無道에 富且貴焉이 恥也니라 〈泰伯 13 : 1~3〉

不A 不B : A하지 않으면 B하지 않는다

117 子曰 不在其位하여는 不謀其政이니라 〈泰伯 14 : 1〉

118 子曰 學如不及이요 猶恐失之니라 〈泰伯 17 : 1〉

- 위방危邦 : 위기에 처한 나라. 위험한 나라.
- 유도有道 : 정치가 맑고 깨끗함. 또는 그러한 세상.
- 무도無道 : 세상에 도가 없음. 세상이 어둡고 혼란스러움.

115 위태로운 나라〔危邦〕에 들어가지 않고, 어지러운 나라에 살지 않으며, 천하에 도가 있으면 드러내고, 도가 없으면 숨어야 한다.

116 나라에 도가 있을 때〔有道〕 가난하고 또 천한 것이 부끄러운 일이며, 나라에 도가 없을 때〔無道〕 부유하고 또 귀한 것이 부끄러운 일이다."

117 공자가 말하였다. "그 지위에 있지 않으면 그 정사를 도모하지 않는다."

118 공자가 말하였다. "배움은 이르지 못할 것처럼 〈해야 하고〉, 오히려 그것을 잃어버릴까 두려워 〈해야 한다〉."

邦 나라 방 亂 어지러울 난 見 나타날 현 隱 숨을 은 賤 천할 천 恥 부끄러울 치 謀 꾀 모 恐 두려울 공

9. 자한 子罕

河圖 九夷 # 何A之有

119 子는 罕言利與命與仁이러시다 〈子罕 1:1〉

A與B : A와 B

120 子曰 鳳鳥不至하며 河不出圖하니 吾已矣夫인저 〈子罕 8:1〉

A矣夫 : A하구나!

121 子欲居九夷러시니

122 或曰 陋어니 如之何잇고 子曰 君子居之면 何陋之有리오 〈子罕 13:1~2〉

何A之有 : 무슨 A가 있겠는가

하도河圖 : 복희伏羲 때에 황하黃河에서 용마龍馬가 지고 나왔다는 쉰다섯 점으로 된 그림.

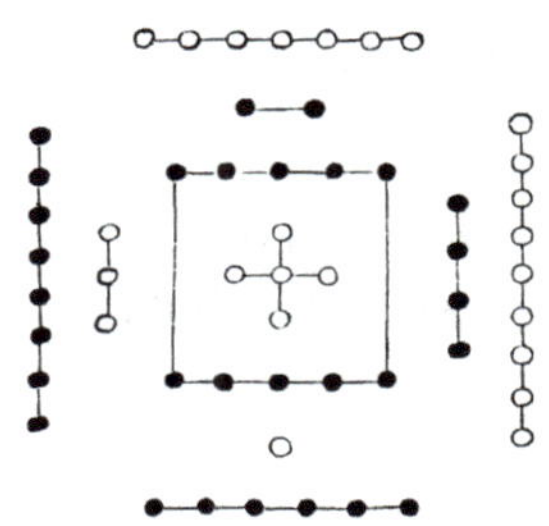
하도河圖

119 공자는 이利와 명命과 인仁을 드물게 말하였다.

120 공자가 말하였다. "봉황새가 이르지 않고, 황하黃河에서 하도河圖가 나오지 않으니 나는 끝났구나!"

- 鳳鳥[주]不至[술], 河[부]不出[술]圖[보] : 주어가 생물인 경우와 무생물인 경우에 따라 문장의 구조가 다르다.

121 공자가 구이九夷에서 살고자 하니,

- 구이九夷 : 아홉 종류의 동이東夷.

122 어떤 사람이 말하였다. "〈구이가〉 누추하니 어찌 사시렵니까?"
공자가 말하였다. "군자가 그곳에 거주하면 무슨 누추함이 있겠는가."

罕 드물 한 鳳 봉새 봉 圖 그림 도 夷 오랑캐 이 陋 더러울 루

CV17835

不舍晝夜 後生可畏 # 謂A曰B

A夫 : 하로구나!

123 子在川上曰 逝者 如斯夫인저 不舍晝夜로다 〈子罕 16:1〉

未A : 아직 A하지 않다

124 子曰 吾未見好德을 如好色者也로라 〈子罕 17:1〉

謂A曰B : A를 평하여 B라고 말하다

125 子謂顔淵曰 惜乎라 吾見其進也요 未見其止也로라 〈子罕 20:1〉

可A : A할 만하다
焉A也 : 어찌 A하겠는가
A不如B : A는 B만 못하다
A而 : A에
A斯B : A하면 B하다

126 子曰 後生이 可畏니 焉知來者之不如今也리오 四十五十而無聞焉이면 斯亦不足畏也已니라 〈子罕 22:1〉

후생가외後生可畏 : 후배가 학문을 쌓고 덕을 이루어 선배를 능가할 수 있으므로 두려워할 만함.

- 불사주야不舍晝夜 : 밤낮으로 멈추지 않음.
- 호덕好德 : 덕을 좋아함.
- 호색好色 : 미색美色을 좋아함. 여색女色을 좋아함.

123 공자가 시냇가에 있으며 말하였다. "가는 것이 이와 같구나! 밤낮으로 멈추지 않는다[不舍晝夜]."

124 공자가 말하였다. "나는 덕을 좋아하기[好德]를 여색女色을 좋아하는[好色] 것과 같이하는 사람을 보지 못하였다."

- 문장 9의 如好好色과 비교하여 보라.

125 공자가 안연顔淵을 평하여 말하였다. "애석하도다! 나는 그가 나아가는 것을 보았고, 그가 그치는 것을 보지 못하였다."

- 子謂顔淵曰은 'A를 평하여 B라고 말하다'로 풀이되는 경우이다.(解 ☞ 39)

126 공자가 말하였다. "후생後生이 두려울 만하니, 어찌 〈후생의〉 미래가 오늘의 〈나만〉 못할 줄 알겠는가. 〈나이〉 사십, 오십에 세상에 알려짐이 없으면 또한 족히 두려워할 것이 못 된다."

- 焉知來者之不如今也리오 (1 8 2 3 4 7 6 5 9)

上 가 상 ; 물가, 길가　逝 갈 서　惜 애석할 석　畏 두려워할 외　焉 어찌 언　斯 면 사

歲寒松柏　松柏後彫　# 勿A

127 子曰 衣敝縕袍하여 與衣狐貉者로 立而不恥者는 其由也與인저 〈子罕 26:1〉

其A也與: 아마 A일 것이다

128 子曰 歲寒然後에 知松柏之後彫也니라 〈子罕 27:1〉

A然後B: A한 뒤에 B하다

세한송백歲寒松柏: 겨울의 혹독한 추위 속에서도 변하지 않는 소나무와 측백나무. 역경과 고난을 당하여도 지조가 변함 없는 군자君子를 비유함.

127 공자가 말하였다. "해진 솜옷[縕袍]를 입고서 여우나 담비 갖옷[狐貉]을 입은 자와 함께 서 있으면서도 부끄러워하지 않을 자는 아마 유由(자로)일 것이다."

128 공자가 말하였다. "날씨가 추워진[歲寒] 뒤에야 소나무와 측백나무[松柏]가 늦게 시든다는 것을 안다."

- 온포縕袍: 부스러기 삼을 안에 둔 옷. 가난한 사람이 입는 해진 옷.
- 호학狐貉: 여우나 담비의 털가죽으로 만든 갖옷. 귀한 옷.

세한도歲寒圖

敝 해질 폐　縕 헌솜 온　貉 담비 학　柏 측백나무 백　彫(≒凋) 시들 조

10. 향당 鄕黨

鄕黨　宗廟　朝廷

A如 : A한 듯이
似A : 마치 A인 듯

129 孔子於鄕黨에 恂恂如也하사 似不能言者러시다

唯A爾 : 오직 A일 뿐이다

130 其在宗廟朝廷하사는 便(변)便言하사되 唯謹爾러시다

〈鄕黨 1:1~2〉

A如　A然　A乎　A也　A而 : A하게 ; A한 듯 ; A한 상태로

如, 然, 乎, 也, 而 등이 글자나 어휘의 뒤에 붙어 '그러한 상태를 나타내는 의미'를 가지는 부사형 어조사로 사용된 패턴이다. '~하게, ~한'으로 풀이되거나 의미를 강조하기도 한다.

A如, A然은 주로 '~하게, ~한'으로 풀이되며 서술어로 쓰이거나 꾸미는 역할을 한다.*(例 129)* A乎, A也는 주로 문장의 앞에 쓰여 문장 전체를 꾸며준다.*(例 40, 94, 155)* A也는 A而와 함께 주로 시간을 나타내며*(解 ☞ 22)*, '~하게'의 의미로 쓰이기도 한다.

129 공자가 향당에 있을 때는 신실信實하여 말을 잘하지 못하는 것 같았다.

集註　恂恂은 信實之貌라 : '恂恂'은 신실信實한 모양이다.

130 공자가 종묘宗廟와 조정朝廷에 있을 때에는 유창하게 말하되 오직 삼갈 뿐이었다.

集註　便便은 辯也라 : '便便'은 말을 잘하는 것이다.

CV17845

黨 마을 당　恂 정성 순　廟 사당 묘　謹 삼갈 근

不問馬

131 廏焚이어늘 子退朝曰 傷人乎아하시고 不問馬러시다

〈鄕黨 12:1〉

※ 끊어 읽기의 중요성 : 2. 구두句讀 끊기

문장 끊어 읽는 위치에 따라 문장의 의미를 달리 해석할 수 있으므로 주의하여야 한다. 아래와 같이 끊어 읽으면 의미가 다를 수 있다.

- 廏焚/子退朝/曰傷人乎/不問馬

이 책에서는 주자의 집주에 따라 위처럼 구두를 끊었으나, 육덕명陸德明과 이제옹李濟翁은 구두의 위치를 다음과 같이 달리 보았다.

- 廏焚/子退朝/曰傷人乎不/問馬

  마구간이 불탔는데, 공자가 조정에서 물러 나와 말하길 "사람이 상하였느냐? 상하지 않았느냐?" 묻고, 말에 대해 물었다. – 육덕명

- 廏焚/子退朝/曰傷人乎/不/問馬

  마구간이 불탔는데, 공자가 조정에서 물러 나와 말하길 "사람이 상하였느냐?" 묻자, "아닙니다." 하니, 말에 대해 물었다. – 이제옹

131 마구간이 불탔는데 공자가 조정에서 물러 나와[退朝] 묻기를 "사람이 상하였는가?" 하시고, 말에 대해서 묻지 않았다.

- 퇴조退朝 : 조정에서 일을 마치고 물러나옴.

廏 마구간 구　焚 불사를 분

不俟駕

132 君이 賜食이어시든 必正席先嘗之하시고 君이 賜腥이어시든 必熟而薦之하시고 君이 賜生이어시든 必畜(휵)之러시다

A於B : B를 A하다

133 侍食於君에 君祭어시든 先飯이러시다

134 疾에 君이 視之어시든 東首하시고 加朝服拖紳이러시다

135 君이 命召어시든 不俟駕行矣러시다

136 入太廟하사 每事를 問이러시다 〈鄕黨 13:1~5〉

132 〈공자는〉 임금이 음식을 주면 반드시 자리를 바로잡고 먼저 그것을 맛을 보고, 임금이 날고기를 주면 반드시 익혀서 조상께 올리고, 임금이 살아있는 것을 주면 반드시 길렀다.

133 〈공자는〉 임금을 모시고 먹을 때 임금이 제祭(고시레)하면 먼저 먹었다.

• 불사가不俟駕 : 수레의 준비를 기다릴 여유 없이 급히 떠남. 곧 임금이 부르면 바로 응하여 걸어서 나감.

134 〈공자는〉 병이 났을 때 임금이 보러 오면 동쪽으로 머리를 향하고 조복朝服을 〈몸에〉 걸치고 띠를 걸쳐놓았다.

135 임금이 명하여 부르거든, 〈공자는〉 수레에 멍에 메기를 기다리지 않고[不俟駕] 걸어갔다.

136 〈공자는〉 태묘太廟에 들어가서는 매사每事를 물었다.

賜 줄 사　嘗 맛볼 상　腥 날고기 성　熟 익힐 숙　薦 올릴 천　畜 기를 휵
侍 모실 시　疾 병 질　拖 걸쳐놓을 타　紳 큰 띠 신　俟 기다릴 사　駕 멍에할 가
廟 사당 묘

연습문제

밑줄 친 구절의 직역을 쓰시오.

- 士不可以不弘毅니 任重而道遠이니라 ☞ 109번 문장 참조
- 邦有道에 貧且賤焉이 恥也며 邦無道에 富且貴焉이 恥也니라 ☞ 116
- 子謂顏淵曰 惜乎라 吾見其進也요 未見其止也로라 ☞ 125

풀이를 참조하여 □ 안에 알맞은 한자를 쓰시오.

- 鳥之□死에 其鳴也□하고 人之□死에 其言也□이니라 : 새가 장차 죽으려 할 때에는 그 울음소리가 슬프고, 사람이 장차 죽으려 할 때에는 그 말이 선하다. ☞ 107
- 天下有道□見하고 無道□隱이니라 : 천하에 도가 있으면 드러내고, 도가 없으면 숨어야 한다. ☞ 115
- 學□不及이요 □恐失之니라 : 배움은 이르지 못할 것처럼 해야 하고, 오히려 그것을 잃어버릴까 두려워해야 한다. ☞ 118

풀이를 참조하여 ( )에 제시된 한자를 □ 안에 바르게 나열하시오.

- □□□□□이니 不亦重乎아 死而後已니 不亦遠乎아 : 인을 자기의 임무로 여기니 또한 무겁지 아니한가. 죽은 뒤에 그만두니 또한 멀지 아니한가. ☞ 110

  (仁 任 以 爲 己)
- 四十五十而無聞焉이면 □□□□□□□니라 : 〈나이〉 사십, 오십에 세상에 알려짐이 없으면 또한 족히 두려워할 것이 못 된다. (畏 足 也 斯 亦 不 已) ☞ 126
- 歲寒然後에 □□□□□□□니라 : 날씨가 추워진 연후에야 소나무와 측백나무가 늦게 시든다는 것을 안다. (柏 彫 知 之 後 也 松) ☞ 128

11. 선진 先進

先進 禮樂 野人 後進 君子 # 如A則

137 子曰 先進은 於禮樂에 野人也요 後進은 於禮樂에 君子也라 하나니

138 如用之則吾從先進호리라 〈先進 1:1~2〉

如A則 : 만약 A하면

139 子曰 從我於陳蔡者 皆不及門也로다

137 공자가 말하였다. "〈사람들이〉 선진先進은 예악禮樂에 있어 야인野人이고, 후진後進은 예악에 있어 군자라고 하니,

集註 先進後進은 猶言前輩後輩라 野人은 謂郊外之民이요 君子는 謂賢士大夫也라 : '先進, 後進'은 '前輩, 後輩'라는 말과 같다. '野人'은 교외郊外의 백성을 이르고, '君子'는 어진 사대부士大夫를 이른다.

- 선진先進 : 학문·덕행·경험·나이 등이 자기보다 높은 사람. = 선배先輩.
- 후진後進 : 학문·덕행·경험·나이 등이 자기보다 낮은 사람. = 후배後輩.

138 〈내가〉 만일 예악을 쓴다면 나는 선진을 따르겠다."

集註 用之는 謂用禮樂이라 : '用之'는 예악禮樂을 쓰는 것을 이른다.

139 공자가 말하였다. "진陳과 채蔡에서 나를 따르던 자가 〈지금은〉 모두 문하門下에 있지 않구나."

集註 孔子嘗厄於陳蔡之間에 弟子多從之者러니 此時皆不在門이라 : 공자께서 진陳과 채蔡의 사이에서 곤액困厄을 당하셨을 적에 따르던 제자들이 많았는데, 이때에 모두 문하에 있지 않았다.

陳 베풀 진; 나라 이름 蔡 풀 채; 나라 이름

CV17853

孔門十哲　孔門四科

140 德行엔 顔淵閔子騫冉伯牛仲弓이요 言語엔 宰我子貢이요 政事엔 冉有季路요 文學엔 子游子夏니라 〈先進 2:1~2〉

141 子曰 回也는 非助我者也로다 於吾言에 無所不說(열)이온여 〈先進 3:1〉

A也B : A는 B이다
無所不A : A하지 않은 것이 없다

공문십철孔門十哲·공문사과孔門四科 : 공자의 문인 중에서 학덕學德이 뛰어난 10명의 장점에 따라 덕행德行·언어言語·정사政事·문학文學으로 나눈 과목.

성문사과聖門四科

140 덕행德行에는 안연顔淵·민자건閔子騫·염백우冉伯牛·중궁仲弓이요, 언어言語에는 재아宰我·자공子貢이요, 정사政事에는 염유冉有·계로季路요, 문학文學에는 자유子游·자하子夏이다.

141 공자가 말하였다. "회回는 나를 돕는 사람이 아니로다. 나의 말에 기뻐하지 않는 것이 없구나."

- 無所A는 無以A(解 ☞ 208)와 같고, 無A不B(解 ☞ 1) 로도 풀이가 가능하다.

- 안연顔淵 : 연淵은 안회顔回의 자字.
- 민자건閔子騫 : 자건子騫은 민손閔損의 자字.
- 염백우冉伯牛 : 백우伯牛는 염경冉耕의 자字.
- 중궁仲弓 : 염옹冉雍의 자字.
- 재아宰我 : 아我는 재여宰予의 자字.
- 자공子貢 : 단목사端木賜의 자字.
- 염유冉有 : 유有는 염구冉求의 자字.
- 계로季路 : 중유仲由의 자字.
- 자유子游 : 언언言偃의 자字.
- 자하子夏 : 복상卜商의 자字.

閔 위문할 민 ; 성씨　騫 이지러질 건 ; 사람 이름

鬼神 升堂入室 # 未A焉B

142 顔淵이 死커늘 子曰 噫라 天喪予샷다 天喪予샷다 〈先進 8:1〉

143 季路問事鬼神한대 子曰 未能事人이면 焉能事鬼리오 敢問死하노이다 曰 未知生이면 焉知死리오 〈先進 11-1〉

未A 焉B : A하지 않으면 어찌 B하겠는가

144 子曰 由之瑟을 奚爲於丘之門고

奚A : 어찌 A하는가

145 門人이 不敬子路한대 子曰 由也는 升堂矣요 未入於室也니라 〈先進 14:1~2〉

未A : 아직 A하지 않다

승당입실升堂入室 : 학습하여 도달한 경지에 수준의 차이가 있음을 비유함.

142 안연이 죽자, 공자가 말하였다. "아! 하늘이 나를 망하게 하였구나, 하늘이 나를 망하게 하였구나!"

143 계로季路가 귀신鬼神 섬기는 것을 묻자, 공자가 말하였다. "사람을 섬길 수 없으면 어찌 귀신을 섬길 수 있겠는가."
〈계로가 물었다.〉 "감히 죽음을 묻습니다."
〈공자가〉 말하였다. "삶을 알지 못하면 어찌 죽음을 알 수 있겠는가."

144 공자가 말하였다. "유由(자로)의 비파를 어찌 나의 문하에서 연주하는가."

145 문인이 자로子路를 공경하지 않자, 공자가 말하였다. "유는 당에는 올랐고[升堂], 아직 방에 들어가지[入室] 못하였다."

集註 升堂入室은 喩入道之次第라 : '升堂'과 '入室'은 도道에 들어가는 차례를 비유한 것이다.

- 승당升堂 : 학문이나 예술이 깊은 경지에 이름.
- 입실入室 : 학문이나 예술이 승당보다 더욱 심오한 경지에 이름.

噫 한숨 쉴 희 喪 망할 상 事 섬길 사 予(≒余) 나 여 鬼 귀신 귀 焉 어찌 언
瑟 큰 거문고 슬 奚 어찌 해 丘 언덕 구 升(≒昇) 오를 승

過猶不及 論篤 色莊 # A猶B # A是B

A與B孰C : A와 B 중에 누가 C한가
A也B : A는 B이다

146 子貢이 問 師與商也 孰賢이니잇고 子曰 師也는 過하고 商也는 不及이니라

A與 : A하는가

147 曰 然則師愈與잇가

A猶B : A는 B와 같다

148 子曰 過猶不及이니라 〈先進 15:1~3〉

A是B : A를 B하다

149 子曰 論篤을 是與면 君子者乎아 色莊者乎아 〈先進 20:1〉

#32 A是B : A를 B하다

'서술어+목적어'가 '목적어+是+서술어'의 순으로 도치된 패턴(例 149)으로, A是爲B, A是謂B의 형태로 확장되기도 한다.(例 28, 176)

과유불급過猶不及 : 지나침은 미치지 못함과 같음. 중용中庸이 매우 중요함을 이르는 말.

- 사師 : 전손사顓孫師. 자는 자장子張.
- 상商 : 복상卜商. 자는 자하子夏.

146 자공子貢이 물었다. "사師(자장)와 상商(자하)은 누가 낫습니까?"
공자가 말하였다. "사는 지나치고, 상은 미치지 못한다."

147 〈자공이〉 말하였다. "그렇다면 사師가 낫습니까?"

集註 愈는 猶勝也라 : '愈'는 승勝(낫다)과 같다.

148 공자가 말하였다. "지나침은 미치지 못함과 같다.〔過猶不及〕"

- A猶B는 '대등 비교'에 해당한다.(解 ☞ 155)

- 논독論篤 : 언론이 독실함. 또는 그러한 사람.
- 색장色莊 : 얼굴빛이 근엄함.

149 공자가 말하였다. "언론言論이 독실한 것〔論篤〕을 인정한다면, 군자다운 사람인가? 안색만 근엄한〔色莊〕 사람인가?"

孰 누구 숙 愈 나을 유 篤 도타울 독 莊 씩씩할 장

12. 안연 顏淵

顏淵 克己復禮

150 顏淵이 問仁한대 子曰 克己復禮爲仁이니 一日克己復禮면 天下歸仁焉하리니 爲仁由己니 而由人乎哉아

〈顏淵 1:1〉

A乎哉 : A하겠는가

극기복례克己復禮 : 사욕私慾을 이기고 예禮로 돌아감. = 극복克復.

안연顏淵

150 안연이 인仁을 묻자, 공자가 말하였다. "사욕私慾을 이겨서 예禮로 돌아가는 것이 인을 하는 것이니, 하루라도 사욕을 이겨서 예로 돌아가면 천하 사람들이 그의 인을 인정할 것이니, 인을 하는 것은 자기에게 달려 있으니, (어찌) 남에게 달려 있겠는가."

- 而由人乎哉의 而를 의문사로 풀이하기도 한다.
- 由己, 由人의 由는 在(~에 있다)의 의미이다.

集註 仁者는 本心之全德이라 克은 勝也요 己는 謂身之私欲也라 復은 反也요 禮者는 天理之節文也라 爲仁者는 所以全其心之德也라 歸는 猶與也라 : '仁'은 본심本心의 온전한 덕德이다. '克'은 이김이고, '己'는 자신의 사욕을 이른다. '復'은 돌아감이다. '禮'는 천리天理의 절문節文이다. '爲仁'(인을 하는 것)은 그 마음의 덕德을 온전하게 함이다. '歸'는 허여許與(인정함)와 같다.

克 이길 극　復 회복할 복　歸(≒與) 인정/허여할 귀

CV17866

非禮勿視 非禮勿聽 非禮勿言 非禮勿動 四勿 # 請A

非A 勿B : A가 아니면 B하지 말라
請A : A해보겠다

151 顔淵이 曰 請問其目하노이다 子曰 非禮勿視하며 非禮勿聽하며 非禮勿言하며 非禮勿動이니라 顔淵이 曰 回雖不敏이나 請事斯語矣로리이다 〈顔淵 1:2〉

請A 願A : (청컨대/바라건대) A하소서 ; A를 청하다/바라다 ; A해 보겠다 ; A해봐도 될까요?

① '요청, 희망' ② '겸양, 허락'의 둘로 크게 구분된다.

①은 타인에게 무엇인가를 요구할 때의 패턴이다. '~을 청하다/바라다, 청컨대 ~ 하소서' 등으로 풀이한다.(例 76, 77)

②는 자신의 생각이나 행동을 겸손하게 표현하는 패턴이다. 위 請問其目, 請事斯語矣는 '~해보겠습니다, ~해보려 합니다, ~해봐도 될까요?' 등으로 풀이되며, 이때는 '敢~, 試~'의 쓰임과 유사하다.(例 151)

그 밖에 단순히 서술로 쓰이는 경우도 있다.(例 44, 75, 151 등)

사물四勿 : 공자孔子가 안회顔回에게 가르친 극기복례克己復禮하는 네 가지 경계. 예禮가 아니면 보지도, 듣지도, 말하지도, 움직이지도 말라는 말.

• 불민不敏 : 민첩하지 못함. 현명하지 못함.

151 안연顔淵이 말하였다. "그 조목을 묻습니다."

공자가 말하였다. "예禮가 아니면 보지 말며, 예가 아니면 듣지 말며, 예가 아니면 말하지 말며, 예가 아니면 움직이지 말아야 한다"

안연이 말하였다. "제가 비록 명민하지 못하지만[不敏], 이 말에 종사하겠습니다."

集註 目은 條件也라 : '目'은 조목條目과 일이다.

敏 민첩할 민

君君臣臣父父子子 # 得而A

152 齊景公이 問政於孔子한대

153 孔子對曰 君君臣臣父父子子니이다

154 公曰 善哉라 信如君不君 臣不臣 父不父 子不子면 雖有粟이나 吾得而食諸아 〈顔淵 11:1~3〉

A哉 : A하구나!
得而A : A할 수 있다
A諸 : A인가?

※ 得而A : A할 수 있다

得而A를 《사서언해四書諺解》에서는 '얻어서 A하다'로 풀이하고 있다.

대개 A而B는 'A해서 B하다'의 풀이로 '앞구절과 뒷구절을 연속해서 진행'하는 의미라면, A以B는 'A함으로써 B하다'의 풀이로 '앞구절을 도구(혹은 원인)로 뒷구절을 하게된다'는 의미가 있다. 그러나 한문에서는 而와 以를 혼용하여 사용하므로 구분할 필요 없이 'A할 수 있다'로 풀이해도 된다.

152 제齊나라 경공景公이 공자에게 정사政事를 묻자,

153 공자가 대답하여 말하였다. "임금은 임금 노릇 하며, 신하는 신하 노릇 하며, 아버지는 아버지 노릇 하며, 아들은 아들 노릇 하는 것입니다."

- 같은 글자로 명사(주어)와 형용사(서술어)로 쓰인 경우이므로 익혀두자.

154 경공이 말하였다. "훌륭한 말씀입니다. 진실로 만일 임금이 임금답지 못하며, 신하가 신하답지 못하며, 아버지가 아버지답지 못하며, 아들이 아들답지 못하다면, 비록 곡식이 있더라도 내가 그것을 먹을 수 있겠습니까."

- 제齊 : B.C. 1046년? ~ B.C. 221년 춘추시대의 춘추오패이자, 전국시대의 전국칠웅 중 하나.
- 경공景公 : 춘추시대 제齊나라의 임금. 영공靈公의 아들이자 장공莊公의 아우. 이름은 저구杵臼.

齊 가지런할 **제**; 나라 이름 粟 곡식 **속**

聽訟　以文會友 以友輔仁　　# A猶B

A猶B : A는 B와 같다
必也A乎 : 반드시 A할 것이다

155 子曰 聽訟이 吾猶人也나 必也使無訟乎인저 〈顔淵 13:1〉

A以B : B로써 A하다
孰A : 누가 A하겠는가

156 季康子 問政於孔子한대 孔子對曰 政者는 正也니 子帥(솔)以正이면 孰敢不正이리오 〈顔淵 17:1〉

以AB : A로써 B하다

157 曾子曰 君子는 以文會友하고 以友輔仁이니라 〈顔淵 24:1〉

#51 A如B　A若B　A猶B　A似B : A와 B는 같다 ; A는 B와 같다

'~와 같다'라는 뜻을 갖는 如, 若, 猶, 似가 서술어로 쓰인 패턴이다. '대등 비교'라고도 한다.

이문회우以文會友 : 글을 통하여 친구를 모음.

- 청송聽訟 : 재판을 하기 위해 송사訟事를 들음. 또는 송사를 심리審理함.
- 회우會友 : 벗을 모음.
- 보인輔仁 : 인仁을 행하는 것을 도움.

155 공자가 말하였다. "송사訟事를 다스림[聽訟]은 나도 남과 같으나, 반드시[必也] 송사가 없게 할 것이다."

- 必也A乎는 '반드시 A할 것이다'로 확신이 있는 추측의 패턴인 其A乎(解 ☞ 5)와 같으나 여기서는 그보다 강한 의지를 표현하고 있다. 이때 必也의 也는 어감을 강조하는 역할을 한다.(解 ☞ 129)

156 계강자季康子가 공자에게 정치를 묻자, 공자가 대답하여 말하였다. "정政은 바로잡음[正]이니, 그대가 바름으로 솔선한다면 누가 감히 〈언행을〉 바르게 하지 않겠습니까."

157 증자曾子가 말하였다. "군자는 문文으로 벗을 모으고[會友], 벗으로 인仁을 돕는다[輔仁]."

訟 송사할 송　帥 거느릴 솔

13. 자로 子路

直躬 攘羊 # 於A乎何有

158 子曰 其身이 正이면 不令而行하고 其身이 不正이면 雖令不從이니라 〈子路 6:1〉

雖A : 비록 A라도

159 子曰 苟正其身矣면 於從政乎에 何有며 不能正其身이면 如正人에 何오 〈子路 13:1〉

苟A : 진실로/만약 A하면

於A乎何有 : A함에 무슨 어려움이 있겠는가

如A何 : A를 어찌하겠는가

160 葉(섭)公이 語孔子曰 吾黨에 有直躬者하니 其父攘羊이어늘 而子證之하니이다 〈子路 18:1〉

語A曰B : A에게 일러 B라고 말하다

158 공자가 말하였다. "〈위정자爲政者〉 자신이 바르면 명령하지 않아도 행해지고, 자신이 바르지 않으면 비록 명령하더라도 따르지 않는다."

- 대개 其身은 自身으로 풀이한다.

159 공자가 말하였다. "진실로 자신을 바르게 한다면, 정사를 처리함에 무슨 어려움이 있겠는가? 〈위정자가〉 자신을 바르게 하지 못한다면, 남을 바로잡는 일을 어찌 하겠는가?

160 섭공葉公이 공자에게 일러 말하였다. "우리 마을〔吾黨〕에 정직하게 처신하는〔直躬〕 사람이 있으니, 그의 아버지가 양을 훔치자〔攘羊〕 아들이 제 아비를 고발〔證〕하였습니다."

- 섭공葉公 : 춘추시대 초楚나라 심제량沈諸梁이 참칭僭稱한 작호爵號.
- 직궁直躬 : 정직하게 처신함. 전의되어 《장자莊子》, 《회남자淮南子》 등에서는 아버지를 고발한 사람으로 쓰임.
- 양양攘羊 : 양을 훔침. 양攘은 물건을 직접 훔치는 것이 아니라 남의 닭·개 등이 자기 집으로 들어온 것을 숨기고 돌려주지 않는 것임.

苟 진실로 구　葉 땅 이름 섭　黨 마을 당　躬 행할 궁　攘 훔칠 양　證 고발할 증

CV17874

和而不同　泰而不驕　　# A之B者

A之B者 : A 중에 B한 것

161 孔子曰 吾黨之直者는 異於是하니 父爲子隱하며 子爲父隱하나니 直在其中矣니라 〈子路 18:1~2〉

A而不B : A하면서 B하지 않다

162 子曰 君子는 和而不同하고 小人은 同而不和니라 〈子路 23:1〉

A而不B : A하되 B하지 않다

163 子曰 君子는 泰而不驕하고 小人은 驕而不泰니라 〈子路 26:1〉

#8-1 **A之B者 : A 중에 B한 사람/것 ; B한 A ; B하게 A하다**

A(주로 명사) 중에서 'B(주로 형용사)한 것' 또는 'B(행위)하는 사람/것'만을 한정하여 꾸미는 패턴으로 한문의 독특한 구조 중 하나이다.(例 161) 者가 생략되어도 유사하게 쓰는 경우가 있다.

화이부동和而不同 : 남과 화목하게 지내되 자기의 주견主見을 지키고 구차히 뇌동雷同하지 아니함. 상대어는 부화뇌동附和雷同.

161 공자가 말하였다. "우리 마을〔吾黨〕의 정직한 사람은 이와는 다릅니다. 아버지는 자식을 위해 숨겨주고 자식은 아버지를 위해 숨겨주니, 정직함이 그 안에 있습니다."

- 군자君子 : 덕망이 높고 인품이 뛰어난 사람.
- 소인小人 : 식견이 얕고 좁은 사람.
- 태이불교泰而不驕 : 뜻을 이루어 편안히 지내면서도 남에게 교만하지 않음.

162 공자가 말하였다. "군자君子는 화합하면서 뇌동雷同하지 않고, 소인小人은 뇌동하면서 화합하지 않는다."

集註 和者는 無乖戾之心이요 同者는 有阿比之意라 : '和'는 거스르고 어기는 마음이 없는 것이요, '同'은 아첨하고 빌붙는〔阿比〕 뜻이 있는 것이다.

163 공자가 말하였다. "군자는 태연하나 교만하지 않고〔泰而不驕〕, 소인은 교만하나 태연하지 않다."

隱 숨길 은　泰 편안할 태　驕 교만할 교

14. 헌문 憲問

有德　有言　有勇　有仁　# 不必A

164 子曰 有德者는 必有言이어니와 有言者는 不必有德이니라 仁者는 必有勇이어니와 勇者는 不必有仁이니라 〈憲問 5:1〉

不必A : 반드시 A한 것은 아니다

165 子曰 貧而無怨은 難하고 富而無驕는 易(이)하니라 〈憲問 11:1〉

#38 不常A　不必A　未必A　不甚A : 반드시 A한 것은 아니다

부정사가 한정을 뜻하는 부사와 함께 쓰인 '부분 부정'의 패턴이다.

164 공자가 말하였다. "덕德이 있는 사람은 반드시 〈훌륭한〉 말이 있지만[有言], 〈훌륭한〉 말이 있는 사람이 반드시 덕이 있는 것은 아니다.

인仁한 사람은 반드시 용기勇氣가 있지만, 용기 있는 사람이 반드시 인이 있는 것은 아니다."

* 유언有言 : 훌륭한 말이나 좋은 말을 둠. 또는 그러한 말을 할 수 있는 역량을 지님.

165 공자가 말하였다. "가난하면서 원망이 없기는 어렵고, 부유하면서 교만이 없기는 쉽다."

驕 교만할 교　易 쉬울 이

CV17880

見利思義 見危授命 爲己之學 爲人之學

何必A : 어찌 반드시 A하겠는가
A以爲B : A를 B로 여기다
A矣 : A일 것이다

166 曰 今之成人者는 何必然이리오 見利思義하며 見危授命하며 久要에 不忘平生之言이면 亦可以爲成人矣니라 〈憲問 13 : 2〉

A者B : A는 B이다

167 子曰 古之學者는 爲己러니 今之學者는 爲人이로다 〈憲問 25 : 1〉

※ 爲己之學과 爲人之學

자기의 인격수양을 위하여 학문을 하는〔爲己之學〕 것을 이르는 말로 옛날 학자는 진실로 자기 자신의 지덕을 닦기 위하여 학문을 하였다는 말. 반의어는 위인지학爲人之學.

※ 爲己之學을 '자기만을 위한 학문'으로 오해하지 않도록 주의하여야 한다.

견리사의見利思義 : 눈앞의 이익을 보면 의리를 먼저 생각함.
견위수명見危授命 : 위태로운 고비에서 용감히 몸을 바침.

166 〈공자가〉 말하였다. "오늘의 성인成人은 어찌 반드시 그리 하겠는가. 이익을 보고 의를 생각하며, 위태로움을 보고 목숨을 바치며, 오래된 약속에 평소平素의 말을 잊지 않는다면 또한 그로써 성인成人이라 할 수 있을 것이다."

集註 久要는 舊約也요 平生은 平日也라 : '久要'는 오래된 약속이고, '平生'은 평소이다.

• 위기爲己 : 자기 자신을 수양함.
• 위인爲人 : 남을 의식함. 남이 자신을 알아주기를 바람.

167 공자가 말하였다. "옛날의 학자〔學者〕는 자기를 위하였는데〔爲己〕, 지금의 학자는 남을 위한다〔爲人〕."

集註 爲己는 欲得之於己也요 爲人은 欲見知於人也니라 : '爲己'는 〈도道를〉 자기 몸에 얻으려고 하는 것이요, '爲人'은 남에게 인정받으려고 하는 것이다.

要 언약할 요

仁者不憂 智者不惑 勇者不懼 # 莫AB

168 子曰 君子道者三에 我無能焉호니 仁者는 不憂하고 知者는 不惑하고 勇者는 不懼니라 〈憲問 30:1〉

169 子擊磬於衛러시니 有荷蕢而過孔氏之門者曰 有心哉라 擊磬乎여

有A者 : A한 자가 있다
A哉B乎 : A하구나! B여

170 旣而요 曰 鄙哉라 硜硜乎여 莫己知也어든 斯已而已矣니 深則厲요 淺則揭니라 〈憲問 42:1~2〉

莫AB : A를 B하지 않다
A斯B : A하면 B하다

편경編磬

168 공자가 말하였다. "군자의 도道 세 가지에 나는 능能한 것이 없으니, 〈세 가지는〉 어진 사람은 근심하지 않고〔仁者不憂〕, 지혜로운 사람은 의혹하지 않고〔智者不惑〕, 용감한 사람은 두려워하지 않는〔勇者不懼〕 것이다."

- 有A者는 'A한 자가 있다'로 풀이한다.(解 ☞ 175)

169 공자가 위衛나라에서 경쇠〔磬〕를 치는데, 삼태기를 메고〔荷蕢〕 공자의 문 앞을 지나가던 사람이 있어 말하였다. "〈세상에〉 마음이 있구나! 경쇠를 침이여."

170 이윽고 〈삼태기를 멘 자가〉 말하였다. "비루하구나, 경쇠소리여〔硜硜〕. 자기를 알아주는 이가 없거든 그만둘 뿐이니, 물이 깊으면 옷을 입은 채로 건너고, 물이 얕으면 옷을 걷고 건너야 한다."

- 旣而의 而는 시간을 나타내는 패턴에 사용된 글자이다.(解 ☞ 22)
- 莫己知也는 역시 부정문의 대명사가 도치된 경우이다.(解 ☞ 4)

- 하궤荷蕢 : 삼태기를 짊어짐. 은사隱士를 비유하는 말.
- 경경硜硜 : 경쇠치는 소리. 또는 고루하고 고집스러운 모양.

惑 미혹할 혹　懼 두려워할 구　擊 칠 격　磬 경쇠 경　荷 멜 하　蕢 삼태기 궤
鄙 비루할 비　硜 돌소리 경　厲 옷 입고 건널 려　揭 옷 걷고 건널 게

15. 위령공 衛靈公

求生害仁 殺身成仁 深謀遠慮 # A以B

A以B : A해서 B하다

171 子曰 志士仁人은 無求生以害仁이요 有殺身以成仁이니라 〈衛靈公 8:1〉

172 子曰 人無遠慮면 必有近憂니라 〈衛靈公 11:1〉

#11~13 以AB A以B : A로써/를 B하다 ; A하여 B하다 ; B로써 A하다

'A로써/서 B하다'의 A以B는 以AB의 도치형 패턴이며, A以B의 以가 而의 의미로 쓰이면 'A하여 B하다'로 풀이된다. A·B의 위치가 도치되어 'B로써 A하다'로 풀이되는 경우도 있다. (解 ☞ 《기본패턴》, '以의 패턴')

구생해인求生害仁 : 목숨을 부지하기 위하여 인仁을 해침.
살신성인殺身成仁 : 목숨을 바쳐 인仁을 이룸.

• 지사志士 : 원대한 뜻을 품고 있는 사람.

171 공자가 말하였다. "뜻 있는 선비[志士]와 어진 사람[仁人]은 살기를 구하여 인仁을 해침은 없고, 목숨을 바쳐서 인을 이룸은 있다."

集註 志士는 有志之士요 仁人은 則成德之人也라 : '志士'는 뜻이 있는 선비요, '仁人'은 덕德을 이룬 사람이다.

• 원려遠慮 : 원대한 생각.

172 공자가 말하였다. "사람이 원대한 생각[遠慮]이 없으면 반드시 가까운 근심이 있다."

CV17887

殺 죽일 살

病無能　恕　己所不欲 勿施於人　# 有A者

173 子曰 不曰如之何如之何者는 吾末如之何也已矣니라 〈衛靈公 15:1〉

末A : A할 수 없다
A也已矣 : A이다

174 子曰 君子는 病無能焉이요 不病人之不己知也니라 〈衛靈公 18:1〉

不AB : A를 B하지 않다

175 子貢이 問曰 有一言而可以終身行之者乎잇가 子曰 其恕乎인저 己所不欲을 勿施於人이니라 〈衛靈公 23:1〉

A可以B : A로써 B할 수 있다
其A乎 : 아마 A일 것이다
勿A : A하지 말라

有A者 : A한 것/사람이 있다

有가 들어간 문장이 나오면 뒤에 者가 있는지를 살펴보는 것이 좋다. 대개 者가 있는 경우는 '有~者'가 하나의 범위임을 나타낸다.(例 78, 79, 160, 164)

173 공자가 말하였다. " '어찌할까? 어찌할까?' 말하지 않는 사람은 나도 어찌할 수 없다."

174 공자가 말하였다. "군자는 〈자신의〉 무능無能함을 근심하고〔病〕, 남이 자신을 알아주지 않음을 근심하지 않는다."

175 자공子貢이 물어 말하였다. "한마디 말로써〔以〕 종신終身토록 행할 만한 것이 있습니까?" 공자가 말하였다. "아마 서恕일 것이다. 자기가 원하지 않는 것을 남에게 베풀지 말아야 한다."

- '有一言而可以…'에서 而는 풀이가 어렵다. 그런데 《논어정의論語正義》에는 '有一言可以…'라 하여 而를 생략하고 있어 그에 따라 풀이하였다.
- 有[9]一[1]言[2](而)可[6]以[3]終[4]身行[5]之[7]者[8]乎[10]잇가 : 한마디〔一〕 말〔言〕로써〔以〕 종신토록〔終身〕 행할〔行〕 만〔可〕한〔之〕 것〔者〕이 있습니〔有〕까?〔乎〕

• 종신終身 : 일생. 한평생.

病 근심할 병　慮 생각할 려　貢 바칠 공; 사람 이름　恕 용서할 서

有敎無類　# A是謂B

A是謂B : A를 B라고 이르다

176 子曰 過而不改 是謂過矣니라 〈衛靈公 29:1〉

A以B : A해서 B하다
A不如B : A는 B만 못하다

177 子曰 吾嘗終日不食하며 終夜不寢하여 以思호니 無益이라 不如學也로라 〈衛靈公 30:1〉

178 子曰 有敎면 無類니라 〈衛靈公 38:1〉

176 공자가 말하였다. "잘못하고도 고치지 않는 것을 잘못이라 이른다."

- '~不改 是~'는 본래 '고치지 않는 것, 이것을' 인데, 축약하여 '고치지 않는 것을'로 풀이해도 무방하다.
- A是謂B는 A之謂B, A是爲B 등과 같은 구조이다.

177 공자가 말하였다. "내가 일찍이 종일토록 먹지 않고 밤새 자지 않고서 생각하니, 유익함이 없었다. 배우는 것만 못하더라."

- '終夜不寢하여 以(~하고서) 思호니'의 以도 而와 같다.

178 공자가 말하였다. "가르침이 있으면 〈선악善惡의〉 부류가 없어진다."

- 《집주集註》와 《언해諺解》의 현토에 따라 '가르침이 있으면 〈선악의〉 부류가 없어진다.'로 풀이하였으나, 이 문장을 '가르침은 있으셨고, 신분의 귀천을 따짐은 없으셨다.'로 보는 견해도 있다.

嘗 일찍이 상　寢 잘 침　類 무리 류

연습문제

밑줄 친 구절의 직역을 쓰시오. (정답은 부록 참조)

- 師與商也孰賢이니잇고 ☞ 146번 문장 참조
- 古之學者는 爲己러니 今之學者는 爲人이로다 ☞ 167
- 人無遠慮면 必有近憂니라 ☞ 172

풀이를 참조하여 □ 안에 알맞은 한자를 쓰시오.

- 君子는 □文會友하고 □友輔仁이니라 ☞ 157
  : 군자는 문文으로 벗을 모으고, 벗으로 인을 돕는다.
- 有一言而可以終身□之者乎잇가 ☞ 175
  : 한마디 말로써 몸을 마치도록 행할 만한 것이 있습니까?
- 過而不改 □謂過矣니라 : 잘못하고도 고치지 않는 것을 잘못이라 이른다. ☞ 176

풀이를 참조하여 (　)에 제시된 한자를 □ 안에 바르게 나열하시오.

- 子曰 □□□□이니라 : 지나침은 미치지 못함과 같다. (猶 不 過 及) ☞ 148
- 回雖不敏이나 □□□□□로리이다 : 내가 비록 명민하지 못하지만 청컨대, 이 말에 종사하겠다. (事 語 請 斯 矣) ☞ 151
- 仁者는 必有勇이어니와 勇者는 □□□□이니라 : 인한 사람은 반드시 용맹이 있지만, 용맹한 사람이 반드시 인이 있는 것은 아니다. (必 仁 有 不) ☞ 164

16. 계씨 季氏

益友 損友

A者B : A는 B이다

179 孔子曰 益者三友요 損者三友니 友直하며 友諒하며 友多聞이면 益矣요 友便辟하며 友善柔하며 友便佞이면 損矣니라 〈季氏 4 : 1〉

- 익우益友 : 유익함이 있는 벗.
- 손우損友 : 자기에게 손해가 되는 벗.

179 공자가 말하였다. "〈사귀어서〉 유익有益한 것이 세 가지 벗이고[益者三友] 〈사귀어〉 손해되는 것이 세 가지 벗이니[損者三友], 벗이 정직正直하며 벗이 성실誠實하며 벗이 견문見聞이 많으면 유익하고, 벗이 겉모습만 치중하며 벗이 아첨阿諂을 잘하며 벗이 말재주만 부리면 손해된다."

- '정직(한 사람)을 벗하다.'나 '성실(한 사람)을 벗하다.' 등으로 풀이하기도 한다.

集註 便辟은 謂習於威儀而不直이요 善柔는 謂工於媚悅而不諒이요 便佞은 謂習於口語而無聞見之實이라 : '便辟'은 외모에만 익숙하고 곧지 못함을 이르며, '善柔'는 아첨하여 기쁘게 하는 것만 잘하고 성실하지 못함을 이르며, '便佞'은 말에만 숙달하고 견문의 실제가 없음을 이른다.

CV17895

損 덜 손 諒 신실할 량 便 말 잘할 편 辟 편벽될 벽 佞 말재주 있을 녕

三戒 # 及其A也

180 孔子曰 君子有三戒하니 少之時에는 血氣未定이라 戒之在色이요 及其壯也하여는 血氣方剛이라 戒之在鬪요 及其老也하여는 血氣旣衰라 戒之在得이니라

〈季氏 7:1〉

A之時 : A했을 때
未A : 아직 A하지 않다
A之在B : A가 B에 있다
及其A也 : A함에 미쳐서는

當A之時 A之時 : A 때를 당하여 ; A했을 때

과거 또는 현재의 특정 시기를 표현하는 패턴이다. 當時로 축약되기도 한다.

及其A也 : A에 미쳐서는 ; A하게 되면

시간의 변화(미래)나 가정을 뜻하는 패턴으로 '~함에 미쳐서는, ~하게 되면' 등으로 풀이한다.(例 180) 及 대신에 比가 사용될 수 있다.

180 공자가 말하였다. "군자君子가 세 가지 경계[三戒]할 것이 있으니 젊을 때엔 혈기血氣가 아직 정해지지 않아서 경계할 것이 여색女色에 있고, 그 장성長成함에 미쳐서는 혈기가 한창 강하므로 경계할 것이 싸움에 있고, 그 늙음에 미쳐서는 혈기가 이미 쇠했으므로 경계할 것이 얻음에 있다."

集註 得은 貪得也라 : '得'은 '貪得'이다.

• 삼계三戒 : 군자의 세가지 경계할 것. 여색女色·투쟁鬪爭·이득利得.

戒 경계할 계 剛 굳셀 강 鬪 싸울 투 衰 쇠할 쇠

九思 # A而B

181 孔子曰 君子有九思하니 視思明하며 聽思聰하며 色思溫하며 貌思恭하며 言思忠하며 事思敬하며 疑思問하며 忿思難하며 見得思義니라 〈季氏 10:1〉

A而B : A를 B하다

182 齊景公은 有馬千駟호되 死之日에 民無德而稱焉이요 伯夷叔齊는 餓于首陽之下호되 民到于今稱之하나니라 〈季氏 12:1〉

#33 A而B : A를 B하다

'서술어+목적어'가 '목적어+而+서술어'의 순으로 도치된 패턴이다.

- 구사九思 : 군자가 생각하는 아홉 가지. 명明·총聰·온溫·공恭·충忠·경敬·문問·난難·의義.
- 경공景公 : 춘추시대 제齊나라의 군주. 이름은 저구杵臼.
- 천사千駟 : 사駟는 말 4필이니 천사는 말 4,000필임.
- 백이伯夷 : 상商나라 말기 고죽군孤竹君의 맏아들.
- 숙제叔齊 : 상商나라 말기 고죽孤竹의 왕자. 백이伯夷의 아우.
- 수양산首陽山 : 산서성山西省 영제현永濟縣 남서쪽에 있는 산. 일명 뇌수산雷首山.

181 공자가 말하였다. "군자가 아홉 가지 생각[九思]이 있으니, 볼 적에는 밝게볼 것을 생각하며, 들을 적에는 밝게 들을 것을 생각하며, 얼굴빛은 온화할 것을 생각하며, 행동거지는 공손할 것을 생각하며, 말은 진실할 것을 생각하며, 일은 공경할 것을 생각하며, 의심스러운 것은 물을 것을 생각하며, 분할 때는 후환을 생각하며, 얻는 것을 보면 의를 생각함이다."

集註 色은 見(현)於面者요 貌는 擧身而言이라 : '色'은 얼굴에 나타나는 것이요, '貌'는 온몸을 들어 말한 것이다.

182 "제齊나라 경공景公은 말 4,000필[千駟]을 소유했으나 죽는 날에 백성들이 덕을 칭찬함이 없었고, 백이伯夷와 숙제叔齊는 수양산首陽山의 어귀에서 굶어 죽었으나 백성들이 지금에 이르기까지 그들을 칭찬한다.

聽 귀 밝을 총 貌 모양 모 恭 공손할 공 疑 의심할 의 駟 사마四馬 사
稱 칭송할 칭

過庭 學詩 # 無以A

183 陳亢이 問於伯魚曰 子亦有異聞乎아

A於B : B에게 A하다

184 對曰 未也로라 嘗獨立이어시늘 鯉趨而過庭이러니 曰 學詩乎아 對曰 未也로이다 不學詩면 無以言이라하여시늘 鯉退而學詩호라

不A 無B : A하지 않으면 B할 수 없다
無以A : A할 수 없다

#69 不A 勿B 不A 不B 非A 無B 非A 勿B 無A 非B : A가 아니면 B가 아니다 ; A가 아니면 B하지 마라 ; A가 없으면 B가 아니다

부정이나 불가능 또는 금지의 두 절이 대對를 이루어 가정을 뜻하는 패턴이다. 앞 절의 풀이는 '~아니면, ~않으면, ~않더라도, ~않게 되면 ~못하면' 등 다양하다.(例 49, 91, 117, 167, 184, 185)

183 진강陳亢이 백어伯魚에게 물어 말하였다. "그대는 또한 특별한 가르침[異聞]이 있었는가?"

184 〈백어가〉 대답하여 말하였다. "없습니다. 일찍이 〈아버지가〉 홀로 서 계실 때, 내가 종종걸음으로 뜰을 지나가는데[過庭], 〈아버지가〉 말씀하시길, '《시詩》를 배웠느냐?' 하기에, 〈내가〉 대답하여 말하길, '아직 〈배우지〉 못했습니다.' 하였습니다. 〈말씀하시길〉 '《시》를 배우지 않으면 말할 수 없다.' 하기에, 나는 물러 나와서 《시》를 배웠습니다.

- 無以A는 '~할 것이/수가 없다'이다.(解 ☞ 208)

- 진강陳亢 : 자는 자금子禽·자원子元·자강子亢. 공자의 제자.
- 백어伯魚 : 공자의 아들. 공리孔鯉의 자字.
- 이문異聞 : 별도로 들은 것이 있음. 특별한 가르침.
- 과정過庭 : 뜰을 지나감. 전의되어, 아버지로부터 가르침을 받음.

伯 맏 백 夷 오랑캐 이 餓 굶주릴 아 陳 베풀 진 嘗 일찍이 상 鯉 잉어 리 趨 종종걸음칠 추

學禮　問一得三　　# 不A無以B

不A 無B : A하지 않으면 B할 수 없다

無以A : A할 수 없다

185 他日애 又獨立이어시늘 鯉趨(추)而過庭이러니 曰 學禮乎아 對曰 未也로이다 不學禮면 無以立이라하여시늘 鯉退而學禮호라

186 聞斯二者로라

A之B : A가 B하다

187 陳亢(강)이 退而喜曰 問一得三호니 聞詩聞禮하고 又聞君子之遠其子也로라 〈季氏 13 : 1~5〉

185 다른 날 또 〈아버지가〉 홀로 서 계실 때, 내가 종종걸음으로 뜰을 지나는데, 〈아버지가〉 말씀하시길, '예禮를 배웠느냐?' 하기에, 〈내가〉 대답하여 말하길, '아직 〈배우지〉 못했습니다.' 하였더니. 〈말씀하시길〉 '예를 배우지 않으면 〈세상에〉 설 수 없다.' 하기에, 나는 물러나서 예를 배웠습니다.

186 《시詩》와 예禮〉 이 두 가지를 들었습니다."

187 진강陳亢이 물러나 기뻐하며 말하였다. "하나를 물어 셋을 얻었으니〔問一得三〕, 《시》를 들었고 예를 들었으며 또 군자가 그 아들을 멀리함을 들었다."

喜 기쁠 희

17. 양화 陽貨

歸孔子豚 # A諸B

188 陽貨欲見孔子어늘 孔子不見하신대 歸孔子豚이어늘 孔子時其亡(무)也而往拜之러시니 遇諸(저)塗하시다

A諸B : B에서 A하다

188 양화陽貨가 공자를 만나고자 하였으나 공자가 만나주지 않자, 공자에게 삶은 돼지를 선물하였는데, 공자도 그가 없는 때를 틈타서 가서 사례하려다가 길에서 그를 만났다.

• 양화陽貨 : 춘추시대 노魯나라 양호陽虎의 다른 표기.

슬경유비瑟儆孺悲

歸 선물할 귀 豚 돼지 돈 時 틈탈 시 亡 없을 무 諸 어조사 저 塗(≒途) 길 도

CV17904

懷寶迷邦

謂A曰B : A에게 일러 B라고 말하다
不AB : A를 B하지 않다
將A矣 : 장차 A할 것이다

189 謂孔子曰 來하라 予與爾言호리라 曰 懷其寶而迷其邦이 可謂仁乎아 曰 不可하다 好從事而亟失時가 可謂知乎아 曰 不可하다 日月이 逝矣라 歲不我與니라 孔子曰 諾다 吾將仕矣로리라 〈陽貨 1:1~2〉

190 子曰 性相近也나 習相遠也니라 〈陽貨 2:1〉

회보미방懷寶迷邦 : 재능과 덕망德望이 있으면서도 국가를 위해서 쓰지 않음을 비유하는 말. = 회도미방懷道迷邦.

189 〈양화陽貨가〉 공자에게 일러 말하였다. "이리 오시오. 내가 당신과 말하렵니다."

〈양화가〉 말하였다. "그 보물寶物을 품고서 그 나라를 어지럽게 〈내버려두는〉 것을 인仁이라 말할 수 있습니까?" 〈공자가〉 말하였다. "할 수 없습니다."

〈양화가 말하였다.〉 "종사從事하기를 좋아하면서도 자주 때를 잃는 것을 지혜智慧롭다고 말할 수 있습니까?" 〈공자가〉 말하였다. "할 수 없습니다."

〈양화가 말하였다.〉 "해와 달이 흘러가니, 세월은 나를 기다려주지 않습니다.[歲不我與]" 공자가 말하였다. "알겠습니다. 내가 장차 벼슬을 하겠습니다."

* 不我與는 역시 부정문에서의 대명사 도치이다.(解 ☞ 4)

190 공자가 말하였다. "본성本性은 서로 비슷하나, 익힘에 따라 서로 멀어진다."

予(≒余) 나 여　爾 너 이　懷 품을 회　寶 보배 보　迷 미혹할 미　邦 나라 방
亟 자주 기　逝 갈 서　與 기다릴 여　諾 허락할 락

恭寬信敏惠　牆面而立　# 其A也與

191 子張이 問仁於孔子한대 孔子曰 能行五者於天下면 爲仁矣니라 請問之한대 曰 恭寬信敏惠니 恭則不侮하고 寬則得衆하고 信則人任焉하고 敏則有功하고 惠則足以使人이니라 〈陽貨 6:1〉

A於B : B에서 A하다

192 子謂伯魚曰 女爲周南召南矣乎아 人而不爲周南召南이면 其猶正牆面而立也與인저 〈陽貨 10:1〉

謂A曰B : A에게 일러 B라고 말하다
A矣乎 : A하였는가
其A也與 : 아마 A일 것이다

장면이립牆面而立 : 담장을 마주하고 서서 보이는 것이 없음. 견문이나 학식이 없음을 비유함. = 면장面牆, 불학면장不學面牆.

191 자장子張이 공자에게 인仁에 대해 묻자, 공자가 말하였다. "다섯 가지를 천하에 행할 수 있다면 인仁이 된다."
〈자장이 그 내용을〉 묻자, 〈공자가〉 말하였다. "공손함, 너그러움, 신실信實함, 민첩함, 은혜로움이니[恭寬信敏惠], 공손하면 〈남이〉 업신여기지 않고, 너그러우면 뭇사람의 〈마음을〉 얻게 되고, 신실하면 남들이 의지하고, 민첩하면 공이 있고, 은혜로우면 사람을 부릴 수 있다."

集註　任은 倚仗也라 : '任'은 의지함이다.

• 자장子張 : 춘추시대 진陳나라 전손사顓孫師의 자. 공자의 제자.

192 공자가 백어伯魚에게 일러 말하였다. "너는 〈주남周南〉과 〈소남召南〉을 배웠느냐? 사람이면서 〈주남〉과 〈소남〉을 배우지 않으면 바로 담을 마주하고 서 있는 것[牆面而立]과 같을 것이다."

• 其猶正牆面而立也與인저 (어순: 1 7 2 3 4 5 6 8 9)

集註　爲는 猶學也라 : '爲'는 '學(배움)'과 같다.

• 주남周南·소남召南 : 각각 《시경詩經》 국풍國風의 하나.
• 장면牆面 : 담을 마주한 듯이 아무것도 보이지 않음. 아는 것이 전혀 없음을 비유함.

張 베풀 장; 사람 이름　恭 공손할 공　寬 너그러울 관　敏 민첩할 민　侮 업신여길 모
任 의지할 임　伯 맏 백　爲 배울 위　周 두루 주　召 부를 소　牆 담 장

鄕原 道聽塗說 無言 # A之B

193 子曰 鄕原은 德之賊也니라 〈陽貨 13:1〉

A之B : A를 B하다

194 子曰 道聽而塗說이면 德之棄也니라 〈陽貨 14:1〉

195 子曰 予欲無言하노라

如A則 : 만약 A하면
何A焉 : 어찌 A하겠는가

196 子貢曰 子如不言이시면 則小子何述焉이리잇고

도청도설道聽塗說 : 길에서 듣고 길에서 말을 퍼뜨림. 길거리에서 퍼져 돌아다니는 뜬소문을 이름.

- 향원鄕原 : 비루하여 겉으로는 근후謹厚한 체하면서도 실제로는 세속에 영합하는 위선자.
- 소자小子 : 스승이 제자를 마주하여 부르는 말. 자식子息이 부모 앞에서 또는 편지에서 자신을 일컫는 말.

193 공자가 말하였다. "향원鄕原은 덕의 적이다."

194 공자가 말하였다. "길에서 듣고 길에서 말하면 덕을 버리는 것이다."

- 193, 194는 구조가 흡사하지만, 서로 현토와 풀이와 之의 풀이가 다른 점에 유의하자.

195 공자가 말하였다. "나는 말하지 않으려 한다."

196 자공子貢이 말하였다. "선생께서 만약 말하지 않으신다면 저희들이[小子] 어떻게 〈도를〉 전술傳述하겠습니까."

- 焉을 於此로 보는 경우도 있으나, 여기처럼 의문문의 끝에 있으면 何와 호응하는 의문형 조사로 보는 편이 좋다.

原(≒愿) 삼갈 원 賊 해칠 적 塗(≒途) 길 도 棄 버릴 기 予(≒余) 나 여
貢 바칠 공 述 전술할 술

不屑之教誨 # 見(A)B

197 子曰 天何言哉시리오 四時行焉하며 百物이 生焉하나니 天何言哉시리오 〈陽貨 19:1~3〉

198 孺悲欲見孔子어늘 孔子辭以疾하시고 將命者出戶어늘 取瑟而歌하사 使之聞之하시다 〈陽貨 20:1〉

A以B : B로써 A하다

199 子曰 年四十而見惡焉이면 其終也已니라 〈陽貨 26:1〉

見AB : A에게 B받다
A而 : A에
A也已 : A일 뿐이다

#61 **見(A)B 被(A)B : (A에게) B하게 되다 ; (A에게) B받다(당하다)**

被, 見이 사용되어 피동을 의미하는 패턴으로 대상인 A는 종종 생략되며, '爲 ~ 所'(解 ☞ 《기본패턴》 참조)와 於, 于, 乎가 있다.

불설지교회不屑之教誨 : 달갑게 여기지 않는 가르침. 탐탁하게 여기지 않는 가르침. 곧 그 사람의 태도가 좋지 않아서 친절하게 가르쳐주지 않고, 거절함으로서 스스로 분별하도록 하는 가르침을 이름. = 불설지교不屑之教.

197 공자가 말하였다. "하늘이 무슨 말을 하는가. 〈그런데도〉 사계절이 운행되고 온갖 사물들이 생장하니, 하늘이 무슨 말을 하는가."

198 유비孺悲가 공자를 만나고자 하였는데, 공자가 병으로 사양하였다. 명을 전하는 자가 문밖으로 나가자, 〈공자는〉 비파를 가져다가 타며 노래하여 그(유비)로 하여금 비파 소리를 듣게 하였다.

集註 此는 孟子所謂不屑之教誨니 所以深教之也니라 : 이것은 맹자가 말한 달갑게 여기지 않는 가르침[不屑之教誨]이란 것이니, 그를 깊이 가르친 것이다.

• 유비孺悲 : 춘추시대 노魯나라 애공哀公의 신하. 공자에게 사상례士喪禮를 배움.

199 공자가 말하였다. "나이 40에 미움을 받는다면 그것으로 끝일 뿐이다."

孺 젖먹이 유 辭 사양할 사 疾 병 질 將 전달할 장 瑟 큰 거문고 슬 見 당할 견 惡 싫어할 오

18. 미자 微子

長沮 桀溺 問津 知津 # A爲B

使AB : A를 보내어 B하게 하다

200 長沮桀溺이 耦而耕이러니 孔子過之하실새 使子路問津焉하신대

201 長沮曰 夫執輿者 爲誰오 子路曰 爲孔丘시니라 曰 是魯孔丘與아 曰 是也시니라 曰 是知津矣니라

A與 : A인가
A矣 : A일 것이다

#2 A是B A爲B A惟B : A는 B이다

주어와 보어 사이에 是, 爲 등 서술어가 사용되어 '~이다'로 풀이하는 패턴이다. 위처럼 주어 A가 생략되는 경우가 종종 있다.

- 장저長沮 : 춘추시대 초楚나라의 은사隱士.
- 걸닉桀溺 : 춘추시대의 은자隱者. 장저長沮와 함께 은사隱士의 범칭으로 쓰임.
- 문진問津 : 나루터가 있는 곳을 물음.

200 장저長沮와 걸닉桀溺이 나란히 밭을 갈고 있었는데, 공자가 그곳을 지나가면서 자로子路를 보내 나루터를 묻게[問津] 하였다.

201 장저가 말하였다. "저 수레의 〈고삐를〉 잡고 있는 사람은 누구인가?" 자로가 말하였다. "공구孔丘입니다."
〈장저가〉 말하였다. "저 사람이 노나라의 공구인가?" 〈자로가〉 말하였다. "맞습니다."
〈장저가〉 말하였다. "저 사람은 나루를 알고 있을 것[知津]이다."

CV17916

耦 나란히 밭갈 우 津 나루 진 輿 수레 여 丘 언덕 구; 사람 이름 魯 노나라 노

辟人之士　辟世之士　#與其A也 豈若B哉

202 問於桀溺한대 桀溺曰 子爲誰오 曰 爲仲由로라 曰 是魯孔丘之徒與아 對曰 然하다 曰 滔滔者天下皆是也니 而誰以易之리오 且而與其從辟(피)人之士也론 豈若從辟(피)世之士哉리오하고 耰而不輟하더라

A於B : B에게 A하다
A爲B : A는 B이다
誰A : 누가 A하는가
與其A也 豈若B哉 : A하는 것이 어찌 B하는 것과 같겠는가

#59 與其A(也) 豈若B哉/乎 : A하는 것이 어찌 B하는 것과 같겠는가

기본형의 '寧~' 대신에 반어형 '豈若~'이 사용된 패턴이다.(解 ☞ 38)

202 〈자로가〉 걸닉桀溺에게 묻자, 걸닉이 말하였다. "그대는 누구인가?" 〈자로가〉 말하였다. "중유仲由입니다."

〈걸닉이〉 말하였다. "그대는 노나라 공구의 무리인가?" 〈자로가〉 대답하여 말하였다. "그렇습니다."

〈걸닉이〉 말하였다. "도도滔滔한 것이 천하가 모두 이러한데 누구와 함께 이것을 바꾸겠습니까? 또 그대[而]가 사람을 피하는 선비를 따르는 것이 어찌 세상을 피하는 선비를 따르는 것만 같겠습니까." 〈그리고는〉 씨앗을 덮고 〈하던 일을〉 그치지 않았다.

• 도도滔滔 : 큰 물이 불어나 넘쳐 돌아오지 않는 뜻.

集註 以는 猶與也라 : '以'는 '與'(더불어)와 같다.

• 而는 汝也라 辟人은 謂孔子요 辟世는 桀溺自謂라 耰는 覆(부)種也라 : '而'는 너(그대)이다. '辟人'은 공자孔子를 이르고, '辟世'는 걸닉桀溺이 자신을 이른 것이다. '耰'는 씨앗을 덮는 것이다.

仲 버금 중　滔 물 넘칠 도　以 더불 이　而 너 이　辟(≒避) 피할 피　耰 씨앗 덮을 우
輟 그칠 철

憮然 有道

A以B : A해서 B하다
A而B : A하면 B하다
誰A : 누구와 A하겠는가

203 子路行하여 以告한대 夫子憮然曰 鳥獸는 不可與同群이니 吾非斯人之徒與요 而誰與리오 天下有道면 丘不與易(역)也니라 〈微子 6:1~4〉

※ 夫子의 의미

① 남자에 대한 경칭, ② 공자孔子에 대한 존칭, ③ 스승에 대한 존칭, ④ 대부大夫·장자長者 등에 대한 존칭, ⑤ 아내가 남편을 이르는 호칭, ⑥ 아들이 아버지를 일컫는 존칭 등 매우 다양한 의미로 쓰인다.

- 무연憮然 : 실망한 모양.
- 유도有道 : 정치가 맑고 깨끗함. 또는 그러한 세상.

203 자로子路가 돌아가서 〈공자에게 그 일을〉 고하자, 부자夫子가 실망하며[憮然] 말하였다. "새와 짐승과 더불어 함께 무리지어 살 수 없으니, 내가 이 사람의 무리와 함께하지 않는다면 누구와 함께하겠는가. 천하에 도道가 있다면[有道], 내가 〈저들과〉 더불어 바꾸려 하지 않을 것이다."

- 여기의 與는 기본 의미인 '함께하다'로 쓰였다.

자로문진子路問津, 국립전주박물관

憮 실의한 모양 무　獸 짐승 수　群 무리 군　易 바꿀 역

19. 자장 子張

子張　見危致命　見得思義　祭思敬　喪思哀　好學

204 子張曰 士見危致命하며 見得思義하며 祭思敬하며 喪思哀면 其可已矣니라 〈子張 1:1〉

其A已矣 : 아마 A일 것이다

205 子夏曰 日知其所亡(무)하며 月無忘其所能이면 可謂好學也已矣니라 〈子張 5:1〉

A也已矣 : A일 것이다

204 자장子張이 말하였다. "선비가 위태로움을 보고 목숨을 바치며, 이득利得을 보고 의를 생각하며, 제사祭祀 지낼 적에 공경함을 생각하며, 거상居喪할 적에 슬픔을 생각한다면 아마도 괜찮을 것이다."

致命은 謂委致其命이니 猶言授命也라 : '致命'은 자기의 생명을 버림을 이르니, '授命(목숨을 바치다)'이란 말과 같다.

• 자장子張 : 춘추시대 진陳나라 사람. 전손사顓孫師의 자. 공자의 제자.

205 자하子夏가 말하였다. "매일 자신이 가지고 있지 않은 것을 알며, 달마다 자신이 잘하는 것을 잊지 않으면 배움을 좋아한다고 이를 만하다."

集註　亡는 無也니 謂己之所未有라 : '亡'는 없음이니, 자신이 가지고 있지 않은 것을 이른다.

• 能은 '잘하는 것'이다.

• 자하子夏 : 춘추시대 위衛나라 사람. 복상卜商의 자. 공자의 제자.

CV17920

博學篤志　切問近思

206 子夏曰 博學而篤志하며 切問而近思하면 仁在其中矣니라 〈子張 6:1〉

207 子夏曰 仕而優則學하고 學而優則仕니라 〈子張 13:1〉

- 박학博學 : 널리 학문과 기예技藝를 학습함. 여러 학문을 익힘.
- 독지篤志 : 온 마음을 기울임. 또는 뜻을 바꾸지 않음.
- 절문切問 : 간절히 물음. 친절하게 물음.
- 근사近思 : 쉽게 알 수 있는 자기 주변의 일부터 생각함.

206 자하가 말하였다. "배우기를 널리 하고[博學] 뜻을 독실히 하며[篤志], 〈자신에게 있는 것을〉 절실하게 묻고[切問] 가까이 생각하면[近思] 인仁이 그 가운데에 있다."

207 자하가 말하였다. "벼슬하면서 여력이 있으면 배우고, 배우고서 여력이 있으면 벼슬한다."

集註　優는 有餘力也라 : '優'는 여력餘力(여가)이 있는 것이다.

博 넓을 박　篤 도타울 독　切 간절할 절　優 넉넉할 우

20. 요왈 堯曰

不知命 不知禮 不知言 # 無以A

208 子曰 不知命이면 無以爲君子也요

209 不知禮면 無以立也요

210 不知言이면 無以知人也니라 〈堯日 3:1~3〉

不A 無B : A하지 않으면 B할 수 없다
無以A : A할 수 없다

※ '할 수 없다'의 풀이 - 不可와 無以

不可A와 無以A를 모두 'A할 수 없다'로 풀이하고 있는데, 不可는 '가능하지 않다'는 뜻의 '할 수 없다'이며 無以는 無所以의 축약형으로 '할 방법이나 수단이 없다'는 뜻의 '할 수 없다'이다.

#19-1 有以A 無以A 亡以A : A할 것/수단이 있/없다

有以A는 有所以A의 축약형으로 無以A는 無所以A의 축약형으로 보며, '할 수 있다/없다' 또는 '할 것이 있다/없다'로 풀이한다. 이때는 以, 所以가 '까닭, 방법, 도구' 등을 의미한다.(例 208~210) 有所A, 無所A로 쓰이기도 한다.(例 56, 157)

208 공자가 말하였다. "천명天命을 알지 못하면 군자가 될 수 없고,

集註 知命者는 知有命而信之也라 : '命'을 안다는 것은 명命이 있음을 알고서 믿는 것이다.

209 예禮를 알지 못하면 〈세상에〉 설 수 없고,

210 말을 알지 못하면 사람을 알 수 없다."

CV17924

연습문제

밑줄 친 구절의 직역을 쓰시오.

☞ 188번 문장 참조
• 孔子時其亡也而往拜之러시니 遇諸塗하시다

☞ 194
• 道聽而塗說이면 德之棄也니라

☞ 201
• 夫執輿者 爲誰오 子路曰 爲孔丘시니라

풀이를 참조하여 □ 안에 알맞은 한자를 쓰시오.

☞ 184
• 不學詩면 □□言이라하여시늘 鯉退而學詩호라
: '시를 배우지 않으면 말할 수 없다.' 하기에, 나는 물러 나와서 시를 배웠다.

☞ 198
• 將命者 出戶어늘 取瑟而歌하사 □之聞之하시다 : 명을 전하는 자가 문 밖으로 나가자, 비파를 가져다가 타며 노래하여 그로 하여금 그 소리를 듣게 하였다.

☞ 202
• 且而□□從辟人之士也론 □□從辟世之士哉리오 : 또 그대가 사람을 피하는 선비를 따르는 것이 어찌 세상을 피하는 선비를 따르는 것만 같겠습니까.

풀이를 참조하여 ( )에 제시된 한자를 □ 안에 바르게 나열하시오.

☞ 197
• 四時行焉하며 百物이 生焉하나니 □□□□시리오 : 사계절이 운행되고 온갖 사물들이 생장하니, 하늘이 무슨 말을 하는가.
(言 哉 何 天)

☞ 199
• □□□□□□□이면 其終也已니라 : 나이 마흔이 되어서도 미움을 받는다면 그것으로 끝일 뿐이다.
(而 見 惡 焉 年 四 十)

☞ 208
• 不知命이면 □□□□□□요 : 천명을 알지 못하면 군자가 될 수 없다.
(君 以 爲 也 子 無)

부록

패턴 색인

- 색인의 범위는 원문의 패턴에 한함.
- 패턴 내 각각의 한자에 모두 제시함. 단, 동일한 한자가 2회 이상 포함된 패턴은 1회만 기록함.
  예: '不可不A'는 '不'과 '可'에 각 1회씩 제시함.
- '한자음 가나다 순'으로 배열함.
  범례) 패턴기호 : 패턴풀이_ 페이지번호

한자와 현토

‘雖 ~ (이)라도, 雖 ~ (이)나’

문장의 앞에 쓰여 ‘비록 ~(이)라도’로 풀이한다.

○ 雖愚나 必明하며 雖柔나 必强이니라 : 비록 어리석더라고 반드시 밝아지고, 비록 유약하더라도 반드시 강해진다.

‘與其 ~ (으)론 寧 ~’

선택형 문장을 만들며 ‘~하기보다는 차라리~’로 풀이한다.

○ 與其有聚斂之臣으론 寧有盜臣이라 : 그 취렴하는 신하를 두기보다는 차라리 도적질 하는 신하를 두겠다.

‘~ 後에’

구절의 뒤에 쓰여 ‘과정이나 시간의 다음’을 나타낸다.

○ 歲寒然後에 知松柏之後彫也니라 : 날씨가 추워진 연후에야 소나무와 측백나무가 늦게 시든다는 것을 안다.

‘~ 乎아, ~ 乎리오, ~ 乎잇가’

구절의 뒤에 쓰여 ‘의문’을 나타낸다.

○ 夫子爲衛君乎아 : 선생님은 위나라 임금을 도우실까?

○ 何以別乎리오 : 무엇으로 구별하겠는가?

‘~ 與잇가, ~ 與아’

구절의 뒤에 쓰여 ‘의문/반어’를 나타낸다.

○ 子謂冉有曰 女弗能救與아 : 공자가 염유에게 일러 말하였다. “네가 바로잡을 수 없겠느냐?”

‘何 ~ (也)리잇고, 何 ~ 리오, 何 ~ 아’

구절의 앞에 쓰여 ‘어찌 ~인가’라는 ‘의문/반어’를 나타낸다.

○ 賜也 何敢望回리잇고 : 제가 어찌 감히 회를 바라겠습니까?

○ 予何人也오 : 나는 어떤 사람인가?

'~ 何也잇고'

구절의 앞과 뒤에 쓰여 '~은 어째서/무엇인가'라는 '의문/반어'를 나타낸다.

○ **民**이 **猶以爲大**는 何也잇고 : 백성들이 오히려 크다고 생각하는 것은 어째서입니까?

'~ 何有리오'

주로 구절의 뒤에 쓰여 '~(에)는 무슨 어려움이 있느냐'라는 '의문/반어'를 나타낸다. '何有'는 '何難之有'의 생략이다.

○ **由也**는 **果**하니 **於從政乎**에 何有리오 : 유는 과감하니 정사에 종사함에 무슨 어려움이 있겠습니까.

'何 ~ 有리오'

구절의 앞뒤에 쓰여 '무슨 ~이 있느냐'라는 '반어'를 나타낸다.

○ **君子居之**면 何**陋之**有리오 : 군자가 그곳에 거주하면 무슨 누추함이 있겠는가.

'何如하니잇고, 何如아'

구절의 뒤에 쓰여 '어떠한가'라는 '의문'을 나타낸다. 주로 상태를 나타낸다.

○ **貧而無諂**하며 **富而無驕**면 何如하니잇고 : 가난하면서 아첨함이 없으며, 부유하면서 교만함이 없으면 어떠합니까?

'~ 如何잇고, ~ 如何(리)오'

구절의 앞 또는 뒤에 쓰여 '어떻게 하느냐'라는 '의문/반어'를 나타낸다. 如何가 '어떻게 하느냐'는 행위, 방법, 수단을 주로 나타낸다.

○ **是則可憂也**라 **憂之**如何오 : 이것은 곧 근심할 만한 것이다. 근심을 어찌해야 하는가?

' ~ 如之何잇고'

구절의 앞 또는 뒤에 쓰여 '(그것을) 어떻게 하느냐'라는 '의문'을 나타낸다.

○ **四境之內不治**어든 **則**如之何잇고 : 온 나라 안이 다스려지지 않으면 그를 어찌하시겠습니까?

'盍 ~ 오, 盍 ~ 잇고'

구절의 앞에 쓰여 '어찌 ~않느냐'라는 '반어'를 나타낸다. '盍(합)'은 '何不'(어찌 아니)의 축약형이다.

○ 盍**各言爾志**오 : 어찌 각자 너희 뜻을 말하지 않느냐?

'~ 哉리오, ~ 哉라, ~ 哉잇가, ~ 哉런고, ~ 哉여'

구절의 뒤에 쓰여 '~인가'라는 '의문/반어'나 '~구나, ~로다, ~이여'의 '감탄'을 나타낸다.

○ **人焉廋**哉리오 : 사람이 어떻게 숨기겠는가.

▨ '焉 ~ (리)(잇)고, 焉 ~ (리)오, 焉 ~ 아'

구절의 앞에 쓰여 '어찌/어디에서 ~는가'라는 '의문/반어'를 나타낸다.

○ 焉**得知**리오 : 어찌 지혜로울 수 있겠는가.

▨ '豈 ~ 아, 豈 ~ (리)오, 豈 ~ (리)잇고'

구절의 앞에 쓰여 '어찌 ~인가'라는 '의문/반어'를 나타낸다.

○ 豈**惟民**哉리오 : 어찌 사람만 그럴 뿐이겠는가.

▨ '奚 ~ (리)(잇)고, 奚 ~ (리)오, 奚 ~ 아'

구절의 앞에 쓰여 '어찌 ~인가'라는 '의문/반어'를 나타낸다.

○ **由之瑟**을 奚**爲於丘之門**고 : 유의 비파를 어찌 나의 문하에서 연주하는가?

▨ '孰 ~ (리)(잇)고, 孰 ~ (리)오, 孰 ~ 아'

구절의 앞에 쓰여 '누가 ~인가'라는 '의문/반어'를 나타낸다.

○ **女與回也**로 孰**愈**오 : 너와 회는 누가 나은가?

▨ '誰 ~ (리)오, 誰 ~ (리)잇고'

구절의 앞에 쓰여 '누가 ~인가'라는 '의문/반어'를 나타낸다.

○ **子行三軍**이면 **則**誰**與**시리잇고 : 선생님께서 삼군을 통솔하신다면 누구와 함께하겠습니까?

▨ '~ 諸(저)잇가, ~ 諸아'

구절의 뒤에 쓰여 '의문/반어'를 나타내는데 '之乎'의 축약형으로 본다.

○ **雖有粟**이나 **吾得而食**諸아 : 비록 곡식이 있더라도 내가 그것을 먹을 수 있겠습니까?

▨ '如 ~ 인댄, 若 ~ 면'

구절의 앞에 쓰여 '가정'을 나타내는 '(가령/만일) ~면/거든'으로 풀이된다.

○ 如**不可求**인댄 **從吾所好**호리라 : 만약 구할 수 없는 것이라면 내가 좋아하는 것을 따르겠다.

▨ '若 ~ 인댄 / 若 ~ 면'

구절의 앞에 쓰여 '가정'을 나타내는 '(가령/만일) ~면/거든'으로 풀이된다.

○ 若**得美味**어든 **歸獻父母**하라 : 만일 맛있는 음식을 얻으면 돌아가서 부모께 드려라.

'~ 면 而'

구절의 앞에 쓰여 '가정'을 나타내는 ' ~면/거든'으로 풀이된다.

○ **上下交征利**면 而**國危矣**리이다 : 윗사람과 아랫사람이 서로 이를 취한다면 나라가 위태로워질 것입니다.

'~乎인저'

구절의 끝에 쓰여 '감탄, 추측'을 나타내는 '~하구나, ~일 것이다'로 풀이된다.

○ **必也使無訟**乎인저 : 반드시 송사가 없게 할 것이다.

'~ (이)로되 而 ~'

구절의 앞에 쓰여 역접 '하되, 이나'로 풀이된다.

○ **吾力足以擧百鈞**이로되 而**不足以擧一羽**하며 : 내 힘은 백 균을 들기 충분하지만, 깃털 하나를 들기에 충분하지 못하다.

'~ (也)與인저, ~ (也)與신저'

구절의 앞에 쓰여 추측을 나타내는 '~일 것이다'로 풀이된다.

○ **其猶正牆面而立**也與인저 : 바로 담을 마주하고 서 있는 것과 같을 것이다.

'故로 ~'

문장의 앞이나 사이에 쓰여 '그러므로, 이 때문에'로 풀이된다.

○ 故로 **君子**는 **愼其獨也**니라 : 이 때문에 군자는 반드시 그 홀로 아는 곳을 삼간다.

'雖然이나 ~'

문장의 사이에 쓰여 '비록 그렇지만'로 풀이된다.

○ **予**雖然이나 **豈舍王哉**리오 : 내가 비록 그렇지만 어찌 왕을 저버리겠는가.

구결표

1. 음音에 따라 만든 것

漢字	口訣	音	한자	구결	음	한자	구결	음
隱	卩	은,는,ㄴ	乙	乙	을,를,ㄹ	厓	厂	에,애
刀	刀	도	面	丆	면	屎	尸	히
牙	牙	아	也	𠃍	야	旀	尒	며
古	ロ	고	尼	ヒ	니	羅	亽	라
時	寸	시	多	夕	다	小	小	소
那	尹	나	代	弋	대	乎	乊	호
淚	户	러	奴	又	노,로	於	今	어
里	曰	리	舍	士, 舍	사	西	西	서
馬	馬	마	言	言	언	矣	厶	의
底	广	저	五	五	오	丁	丁	정
巨	巨	거,커	申	申	신			

2. 훈訓에 따라 만든 것

漢字	口訣	音	한자	구결	음	한자	구결	음
爲	ソ	하(할 위)	是	丶	이(이 시)	加	力	더(더할 가)
等	ホ	드(등급 등)	月	月	다(달 월)			

3. 복합형

口訣	音	구결	음	구결	음	구결	음	구결	음	구결	음
丶卩	인	ホ卩	든	月乙	달	寸乙	실	士丶	새	丶叱	잇
曰叱	릿	巨丶	케	尹卩	난	今丶	에	五卩	온		

4. 용례用例

口訣	ソロ	ソヒ	ソヒ亽	ソ𠃍	ソ𠃍卩	ソ𠃍尹卩	ソ尹ヒ	ソ亽	ソヒ亽	ソ寸ヒ	ソ尒	ソ寸丆	ソ寸卩大	ソ申大	ソ乙士丶	ソ又亽	ソ又ヒ	ソ小西	ソ力ヒ	丶ヒ
音	하고	하니	하니라	하야	하야는	하야난	하나니	하라	하니라	하시니	하며	하시면	하신대	하신대	할새	하노라	하노니	하소서	하더니	이니
구결	丶尹	丶亽	丶亽刀	丶今ヒ	丶今乙	丶今ホ卩	丶户ヒ	丶户丶夕	丶户寸ヒ	丶叱可	丶曰叱ロ	丶牙	乊弋	乊大	乊ヒ	乊曰亽	乊丶夕	乙又	又夕	又大
음	이나	이라	이라도	이어니	이어늘	이어든	이러니	이러이다	이러시니	잇가	이릿고	이아	호대	호대	호니	호리라	호이다	으로	로다	로대
구결	又丶夕	又小丶夕	尹卩	曰五	言丁	言馬卩	巨丶夕	丶寸乙士丶	ソ寸乙士丶	ソ舍	ソ士	丶卩广	丶卩大	印大	丶ヒ丶夕	丶五卩女				
음	로이다	로소이다	난	리오	언정	언마는	케이다	이실새	하실새	하사	하사	인저	인대	인대	이니이다	이온여				

※ 이 외에도 다양한 조합이 가능함.

춘추지도

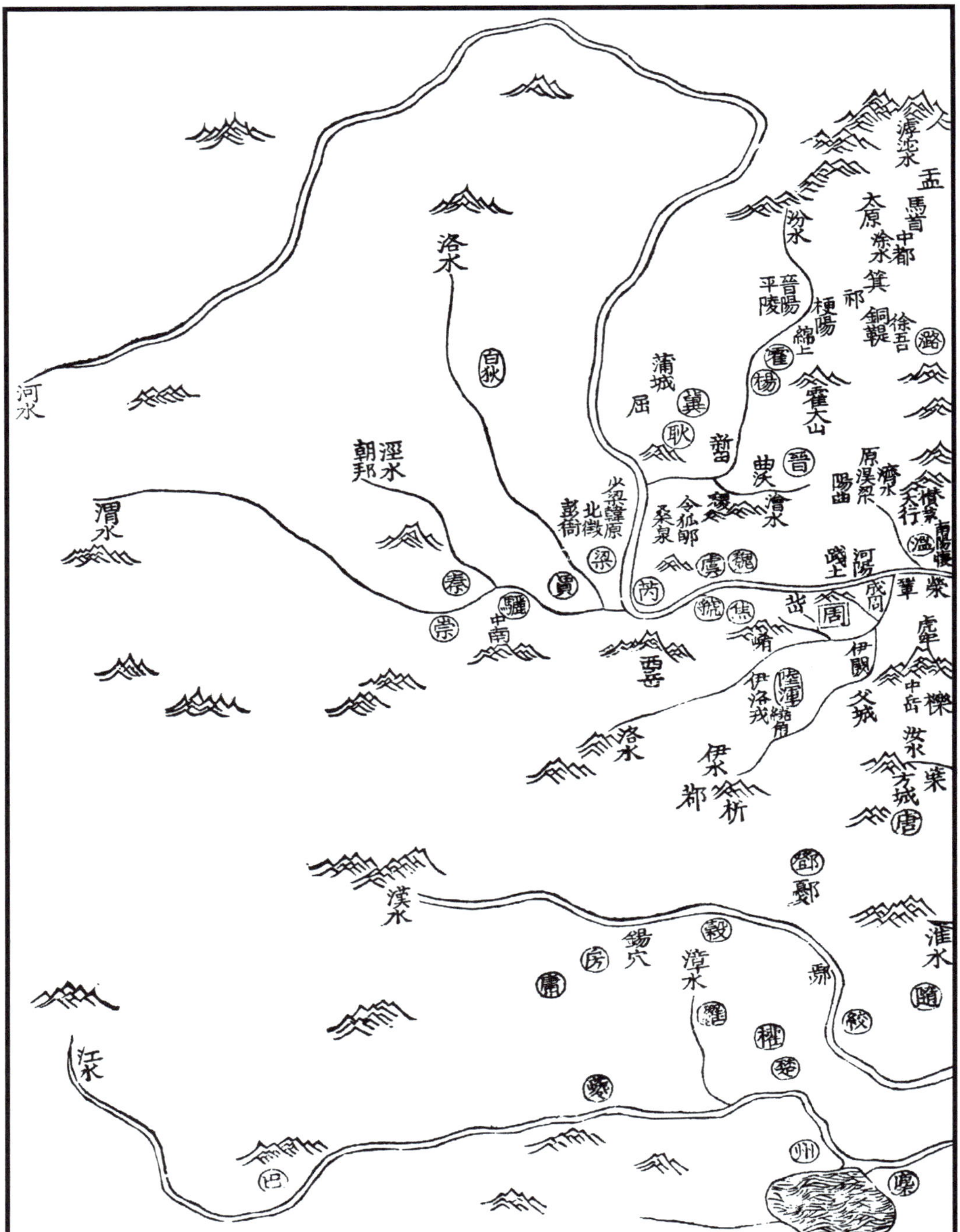
河水
洛水
白狄
涇水
渭水
秦
崇
中南
蒲城
屈
冀
耿
晉
曲沃
汾水
太原
馬首
中都
箕
祁
銅鞮
徐吾
潞
平陵
晉陽
梗陽
綿上
霍
楊
霍大山
原
濟水
太行
溫
南陽
河陽
成周
周
華
虎牢
伊闕
中岳
櫟
父城
汝水
葉
方城
唐
鄧
淮水
隨
漢水
錫穴
房
庸
穀
漳水
楚
江水
巴
州
伊
析
陸渾
伊洛戎
崤
虢
焦
魏
芮
梁
彭衙
北徵
令狐
桑泉
韓原

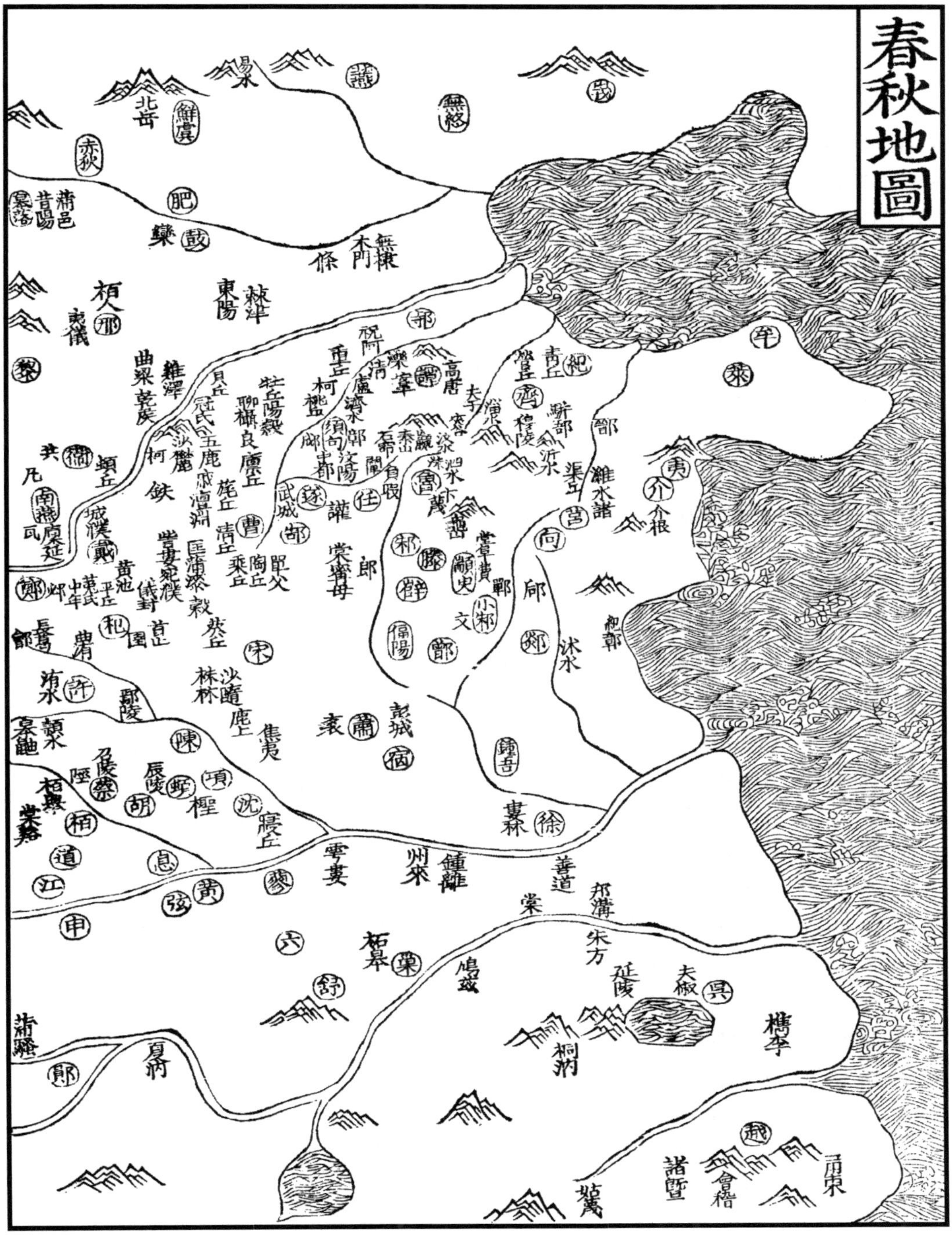
春秋地圖

공자 연보孔子年譜

- B.C.551(1세) (주周 영왕靈王 21년, 노魯 양공襄公 22년) 11월에 노魯나라의 창평향昌平鄕 추읍鄒邑에서 탄생誕生하다.
- B.C.549(3세) 부친父親 숙량흘叔梁紇이 별세別世하다.
- B.C.544(8세) 유희遊戱를 할 때에 항상 제기祭器를 벌려놓고 제사祭祀지내는 놀이를 하였다.
- B.C 537(15세) 학문에 뜻을 두다.
- B.C.533(19세) 송宋나라의 기관씨亓官氏와 결혼結婚하다.
- B.C.532(20세) 아들 공리孔鯉가 출생하다.
  노魯나라의 위리委吏가 되다.
- B.C.531(21세) 노魯나라의 사직리司職吏가 되다.
- B.C.528(24세) 모친母親 안씨顔氏가 별세別世하다.
- B.C.525(27세) 담자郯子에게 옛날 관제官制를 배우다.
- B.C.522(30세) 제자를 가르치기 시작하다.
  12월에 노자老子에게 예禮를 묻다.
- B.C.518(34세) 노魯의 맹희자孟僖子가 임종시臨終時에 그의 아들에게 공자孔子를 사사師事하여 예禮를 배우라고 유언遺言하다.
- B.C.517(35세) 노魯나라의 혼란을 피해 제齊나라로 갔다.
  제齊나라의 경공景公이 정치에 대해 묻다.
- B.C.515(37세) 제齊나라에서 노魯나라로 돌아가다.
- B.C.506(46세) 주邾나라의 은공隱公이 즉위하여 신하를 통해 공자에게 예禮를 묻다.
- B.C.501(51세) 노魯나라 중도中都의 재宰가 되어 잘 다스리다.
- B.C.500(52세) 노魯나라의 사구司寇 벼슬을 하다.
  노魯나라의 정공定公을 도와 제齊나라의 경공景公과 협곡夾谷에서 회담會談하다.
- B.C.497(55세) 노魯나라에서 뜻을 얻지 못하고 위衛나라로 가다.
  이후 14년간 천하를 떠돌다.
- B.C.496(56세) 제齊나라에서 노魯나라에 여악女樂을 보내다.
  광匡땅에서 난難을 당하다.
- B.C.495(57세) 환퇴桓魋가 공자孔子를 죽이려 하다.
- B.C.493(59세) 위衛나라로 가다.
- B.C.492(60세) 송宋나라을 지나 진陳나라으로 가다.
- B.C.489(63세) 진陳나라에서 채蔡나라로 가다가 포위되어 식량이 끊기다.
  채蔡나라에서 섭공葉公을 보고 위衛나라로 돌아오다.
- B.C.487(65세) 부인夫人 기관씨亓官氏가 별세別世하다.

- B.C.484(68세) 노인魯人이 폐백幣帛으로 공자孔子를 부르므로 노魯나라로 돌아오다. 《시詩》, 《서書》, 《예禮》를 정리整理하다.
- B.C.483(69세) 공리孔鯉와 안회顔回가 죽다.
- B.C.482(70세) 노魯 애공哀公이 政事를 묻다.
- B.C.481(71세) 노魯나라에서 기린麒麟을 얻다. 《춘추春秋》를 짓다.
- B.C.479(73세) 4월四月 기축己丑일, 병석에 누운 지 7일 만에 졸卒하다.

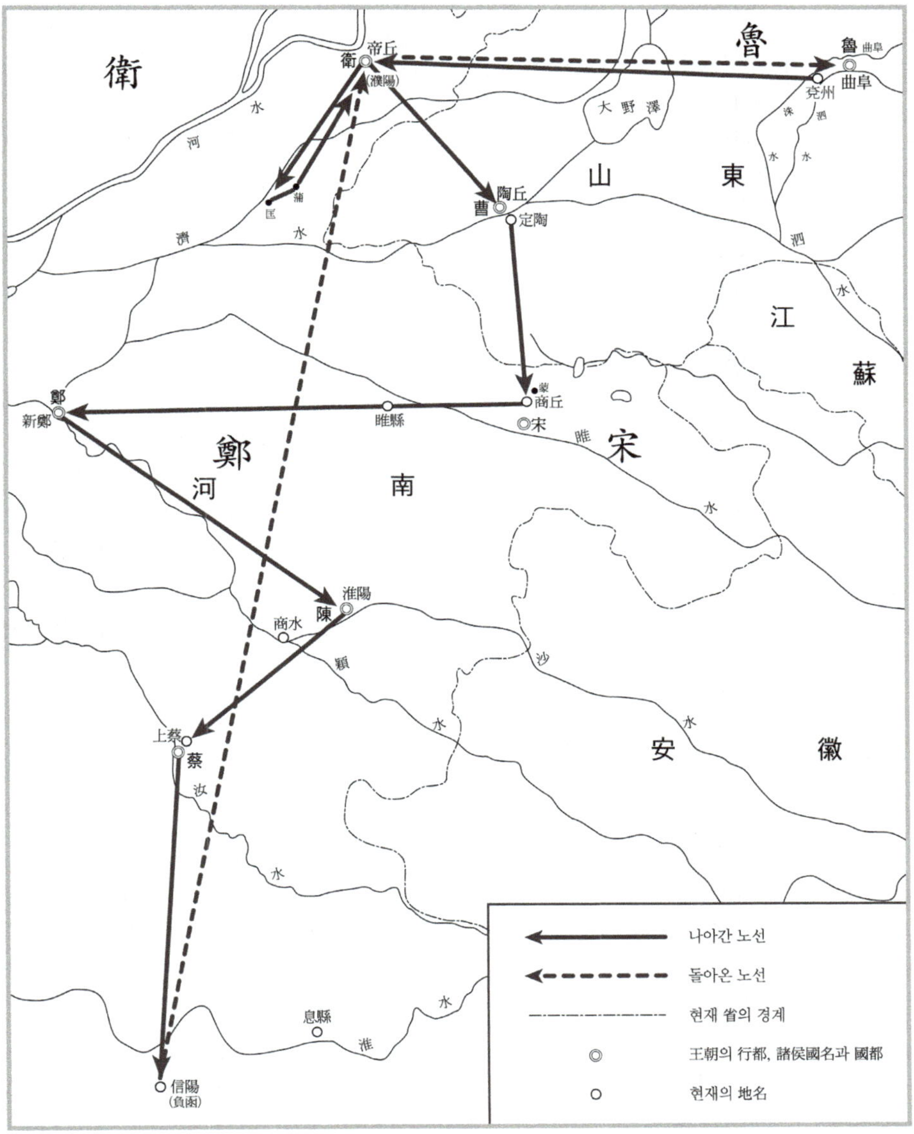

〈공자방문열국제후시의도孔子訪問列國諸侯示意圖〉

공자 제자弟子 일람

- 성명은 성姓과 명名을 구분하여 표기함. 연령은 공자와의 연령차를 표기함.
- 국명이나 연령에 이견이 있는 경우에는 '/' 앞뒤로 모두 표기함.
- 공문사과孔門四科에 뛰어난 십철十哲은 '*'로 표기함. (문장 140 참조)
- 본 내용은 《논어》를 중심으로 하고 《공자가어》를 참조함.

성 명姓名	자字	이칭異稱	출신국	연령	관직 및 기타사항
고 시高柴	자고子羔 · 자고子皐	고자고高子羔	제齊	-30	비재費宰
공백 요公伯寮	자주子周		노魯		계씨재季氏宰
공서 적公西赤	자화子華	공서화公西華	노魯	-42	접객의 의례儀禮에 익숙
공야 장公冶長	자장子長 · 자지子芝		노魯/제齊		공자의 사위
금 뢰琴牢	자개子開 · 자장子張		위衛		
남궁 괄南宮适	자용子容	남용南容	노魯		공자가 지혜롭다하여 조카사위로 삼음
단목 사端木賜	자공子貢		위衛	-31	*언어言語. 공문의 재정財政 담당
담대 멸명澹臺滅明	자우子羽		노魯	-39	공정하고 사사로움이 없음
무마 시巫馬施	자기子期	무마기巫馬期	진陳/노魯	-30	
민 손閔損	자건子騫	민자건閔子騫	노魯	-15	*덕행德行. 공자가 효행을 칭찬
번 수樊須	자지子遲	번지樊遲	노魯/제齊	-36	약관에 계씨에게 벼슬함
복 부제宓不齊	자천子賤	복자천宓子賤	노魯	-30/49	선보재單父宰. 지혜와 인애仁愛가 있음
복 상卜商	자하子夏	복자하卜子夏	위衛	-44	*문학文學. 거보재莒父宰
사마 경司馬耕	자우子牛	사마우司馬牛	송宋		사마환퇴司馬桓魋의 동생
신 장(정)申棖	자주子周	신적申續	노魯		
안 회顔回	자연子淵	안연顔淵	노魯	-30	*덕행德行. 공자가 인仁을 칭찬. 요절夭折
언 언言偃	자유子游	언유言游	오吳	-45	*문학文學. 무성재武城宰
염 경冉耕	백우伯牛	염백우冉伯牛	노魯		*덕행德行
염 구冉求	자유子有	염유冉有	노魯	-29	*정사政事. 계씨재季氏宰
염 옹冉雍	중궁仲弓		노魯	-29	*덕행德行
원 헌原憲	자사子思	원사原思	송宋/노魯	-36	공자재孔子宰. 가난에 도를 즐김
유 약有若	자유子有	유자有子	노魯	-43/33	공자와 외모가 비슷함
재 여宰予	자아子我	재아宰我	노魯		*언어言語. 임치대부臨淄大夫
전손 사顓孫師	자장子張		진陳	-48	용모 자질이 뛰어남. 성품이 온화함
중 유仲由	자로子路 · 계로季路	중로仲路	노魯	-9	*정사政事. 계씨재季氏宰. 제자 중 연장자
증 삼曾參	자여子輿	증자曾子	노魯	-46	공자의 도를 계승
증 점曾點	자석子晳	증석曾晳	노魯		증삼曾參의 부父
진 강陳亢	자금子禽 · 자강子亢 · 자원子元	진자금陳子禽	진陳/제齊	-40	제齊나라 대부인 자거子車의 아우
칠조 계漆雕啓	자개子開 · 자약子若		노魯/채蔡	-11	《상서尙書》에 뛰어남

참고문헌

독본 등 교재류

- Paul Rouzer, 《A New Pratical Primer of Literary Chinese》(Harvard East Asian MonoGraphy 276), Cambridge and London, 2007.
- 加藤徹, 《白文攻略 漢文法ひとり学び》, 白水社, 2013.
- 경성대학교 한문교재편찬위원회, 《교양한문》, 경성대학교 출판부, 1991.
- 김경수·김성룡, 《어순으로 푸는 단계별 한문해석》, 집문당, 2002.
- 동양고전정보화연구소 고전교육연구실, 《25 개정판 漢文독해기본패턴》, 전통문화연구회, 2024.
- 류종목, 《논어의 문법적 이해》, 문학과 지성사, 2000.
- 성균한문학교실, 《교양한문》, 성균관대학교 출판부, 1990.
- 小川環樹 西田太一郎 著, 《漢文入門》(岩波全書 233), 1957.
- 元泳義, 《蒙學漢文初階》, 1908.
- 元泳義, 《小學漢文讀本》, 1908.
- 이화여자대학교 대학한문 편찬위원회, 《대학한문》, 이화여자대학교 출판부, 1999.
- 전남대학교 대학한문교재편집위원회, 《대학한문》, 전남대학교 출판부, 1990.
- 鄭翼, 《漢文教授捷徑》, 1929.
- 중앙대학교 교양한문 편집위원회, 《교양한문》, 중앙대학교 출판부, 1990.

사전, 문법 및 단행본

- Edwin G. Pulleyblank, 《Outline of Classical Chinese Grammar》(University of British Columbia), UBC Press, 2000.
- Georg von der Gabelentz, 《Chinesische Grammatik》, 1881.
- 강혜근 외, 《漢字同義語辭典》, 궁미디어, 2011.
- 郭锡良, 《古代汉语》, 商务印书馆, 1999.
- 郭锡良, 《古代汉语语法讲稿》, 语文出版社, 2010.
- 管敏義 지음, 서울대 동양사학연구실 옮김, 《고급한문해석법》, (주)창비, 2016.
- 김원중, 《한문해석사전》, 글항아리, 2013.
- 단국대학교 동양학연구소, 《漢韓大辭典》, 2008.
- 沈載東, 《알기쉬운 한문해석법》, 운주사, 1999.
- 양계초, 《중국고전학입문》, 형성사, 1995.
- 楊伯峻(1909-1990), 《古漢語語法及其發展》, 语文出版社, 1992.
- 呂叔湘(1904-1998), 《中國文法要略》, 商务印书馆, 1956.
- 吳鴻清, 《古代汉语基础》, 北京大学出版社, 2006.
- 王力, 《中國文法學初探》, 山西人民出版社, 2014.

- 王力,《漢語史稿》, 中國圖書, 2013.
- 王力,《漢語語法史》, 中華書局, 1989.
- 王力,《古代汉语》1~4, 中华书局, 1999
- 이상진,《문화문고 한문문법》, 전통문화연구회, 2014.
- 周法高,《中國古代語法》, 中央研究院历史语言研究所, 1959.
- 최기천 저,《중국어번역법》, 학고방, 2002.
- 崔完植·金榮九·李永朱 共著,《漢文讀解法》, 明文堂, 2016.

학회지 및 논문

- 한국고전번역원,《民族文化》.
- 한국어문교육연구회,《語文研究》.
- 한국한문교육학회,《한문교육연구》.
- 한국한문학회,《한국한문학연구》.
- 한국한자한문교육학회,《한자한문교육》.
- 정우상,《漢文構造文法論考 : 之字를 中心으로》, 延世大學校 教育大學院, 1969.
- 최식,《漢文讀法의 韓國的 特殊性》, 국제한국한자한문교육학회 학술대회, Vol.2011 No.1, 2011.
- 최지희,《論語와 孟子에 나타난 '以'의 쓰임 분석 : 漢文科 文法教育의 맥락에서》, 성신여자대학교 대학원, 2013.

언해서

- 《四書三經諺解》(대학언해, 논어언해, 맹자언해, 중용언해)

주요 번역서

- 신승운 외 역주,《譯註 孟子注疏》 1, 전통문화연구회, 2019
- 이광호 외 역주,《懸吐完譯 大學·中庸集註》, 전통문화연구회, 2018.
- 이광호 외 역주,《譯註 禮記正義 – 大學·中庸》, 전통문화연구회, 2015
- 전병수 역주,《懸吐完譯 孟子集註》 上·下 草稿
- 정태현 역주,《懸吐完譯 論語集註》 上·下, 전통문화연구회, 2018
- 정태현 외 역주,《譯註 論語注疏》 1~3, 전통문화연구회, 2013
- 허경진 외 역주,《譯註 孔子家語》 1~2, 전통문화연구회, 2018

초록자료

- 정우상, 〈論語句文抄錄〉

데이터베이스

- 「동양고전종합DB」, http://db.juntong.or.kr
- 「中國哲學書電子化計劃」, http://ctext.org

• 「한국고전종합DB」, http://db.itkc.or.kr
• 「한문독해첩경」, http://jtlink.kr/VB
• 「한국경학자료집성」, http://koco.skku.edu

도판 참고자료 및 출처

• 《古聖賢像傳略》
• 《萬古際會圖像》
• 《三才圖會》
• 《孔子聖績圖》
• 《聖賢像讚》
• 《五經圖彙》
• 《周禮圖說》
• 《周易傳義大全》
• 《中國歷史地圖》
• 《至聖先賢半身像》
• 《和漢三才圖會》
• 국립전주박물관
• 문화재청국가문화유산포털

논어독해 첫걸음

정가 17,000원

2025년 04월 20일 초판 인쇄
2025년 04월 30일 초판 발행

저　　자　이지곤 이화춘 원주용
기　　획　동양고전정보화연구소 고전교육연구실
윤문교정　동양고전번역연구소

발 행 인　김 현
발 행 처　(사)전통문화연구회
서울 종로구 삼봉로 81 두산위브파빌리온 1332호
전화 : (02)762-8401　전송 : (02)747-0083
전자우편 : juntong@juntong.or.kr
홈페이지 : juntong.or.kr
사이버書院 : hm.cyberseodang.or.kr
온라인서점 : book.cyberseodang.or.kr

등　　록　1989. 7. 3. 제1-936호
총　　판　한국출판협동조합(070-7119-1750)

ISBN　979-11-5794-298-5 (04700)
979-11-5794-196-4 (세트)

전통문화연구회 도서목록

범례 : 毛詩正義 1~8〔全15〕- 전체 15책 계획, 현재 1~8책만 간행된 경우.
별도 표시 없는 경우는 완간.

新編 基礎漢文敎材

新編 四字小學·推句	고전교육연구실 編譯	11,000원
新編 啓蒙篇·童蒙先習	고전교육연구실 編譯	11,000원
新編 明心寶鑑	李祉坤·元周用 譯註	15,000원
新編 擊蒙要訣	咸賢贊 譯註	12,000원
新編 註解千字文	李忠九 譯註	12,000원
新編 原文으로 읽는 故事成語	元周用 編譯	15,000원
新編 唐音註解選	權卿相 譯註	22,000원

漢文讀解捷徑시리즈

(개정판) 漢文독해기본패턴	고전교육연구실 著	20,000원
논어독해 첫걸음	고전교육연구실 著	17,000원
맹자독해 첫걸음		근간
한문독해첩경 - 文學篇	朴相水·李和春 외 著	17,000원
한문독해첩경 - 史學篇	朴相水·李和春 외 著	17,000원
한문독해첩경 - 哲學篇	朴相水·李和春 외 著	17,000원

五書五經讀本

論語集註 上·下	鄭太鉉 譯註	合 49,000원
孟子集註 上·下	田炳秀 外 譯註	合 60,000원
大學·中庸集註	李光虎 外 譯註	15,000원
小學集註 上·下	李忠九 外 譯註	合 50,000원
詩經集傳 上·中·下	朴小東 譯註	合 90,000원
書經集傳 上·中·下	金東柱 譯註	合 90,000원
周易傳義 元·亨·利·貞	崔英辰 外 譯註	合 120,000원
詳說 古文眞寶大全後集 上·下	李相夏 外 譯註	合 64,000원
春秋左氏傳 上·中·下	許鎬九 外 譯註	合 109,000원
禮記 上·中·下	成百曉 外 譯註	合 90,000원

東洋古典國譯叢書

大學·中庸集註 - 개정증보판	成百曉 譯註	12,000원
論語集註 - 개정증보판	成百曉 譯註	30,000원
孟子集註 - 개정증보판	成百曉 譯註	30,000원
詩經集傳 上·下	成百曉 譯註	合 70,000원
書經集傳 上·下	成百曉 譯註	合 66,000원
周易傳義 上·下	成百曉 譯註	合 80,000원
小學集註	成百曉 譯註	30,000원
古文眞寶 後集	成百曉 譯註	32,000원

東洋古典譯註叢書

〈經部〉

〔十三經注疏〕

周易正義 1~4	成百曉 外 譯註	合 147,000원
尙書正義 1~7	金東柱 譯註	合 241,000원
毛詩正義 1~8〔全15〕	朴小東 外 譯註	合 288,000원
禮記正義 1~3, 中庸·大學	李光虎 外 譯註	合 117,000원
論語注疏 1~3	鄭太鉉 外 譯註	合 117,000원
孟子注疏 1~4〔全5〕	崔彩基 外 譯註	合 124,000원
孝經注疏	鄭太鉉 外 譯註	35,000원
周禮注疏 1~4〔全15〕	金容天 外 譯註	合 129,000원
春秋左傳正義 1~2〔全18〕	許鎬九 外 譯註	合 59,000원
春秋公羊傳注疏 1〔全7〕	宋基采 外 譯註	合 37,000원

春秋左氏傳 1~8	鄭太鉉 譯註	合 255,000원
禮記集說大全 1~6〔全10〕	辛承云 外 譯註	合 206,000원
東萊博議 1~5	鄭太鉉 外 譯註	合 172,000원
韓詩外傳 1~2	許敬震 外 譯註	合 65,000원
說文解字注 1~5〔全20〕	李忠九 外 譯註	合 172,000원

〈史部〉

思政殿訓義 資治通鑑綱目 1~23〔全39〕	辛承云 外 譯註	合 710,000원
通鑑節要 1~9	成百曉 譯註	合 316,000원
唐陸宣公奏議 1~2	沈慶昊 外 譯註	合 88,000원
貞觀政要集論 1~4	李忠九 外 譯註	合 109,000원
列女傳補注 1~2	崔秉準 外 譯註	合 68,000원
歷代君鑑 1~4	洪起殷 外 譯註	合 140,000원

〈子部〉

孔子家語 1~2	許敬震 外 譯註	合 79,000원
管子 1~4〔全5〕	李錫明 外 譯註	合 130,000원
近思錄集解 1~3	成百曉 譯註	合 106,000원
老子道德經注	金是天 譯註	30,000원
大學衍義 1~5〔全7〕	辛承云 外 譯註	合 148,000원
墨子間詁 1~7	李相夏 外 譯註	合 267,000원
說苑 1~2	許鎬九 譯註	合 50,000원
世說新語補 1~5	金鎭玉 外 譯註	合 181,000원
荀子集解 1~7	宋基采 譯註	合 238,000원
心經附註	成百曉 譯註	38,000원
顔氏家訓 1~2	鄭在書 外 譯註	合 59,000원
揚子法言 1〔全2〕	朴勝珠 譯註	24,000원

列子鬳齋口義	崔秉準·孔勤植·權憲俊 共譯	40,000원
二程全書 1~6〔全8〕	崔錫起·外 譯註	合 220,000원
莊子 1~4	安炳周·田好根 共譯	合 143,000원
政經·牧民心鑑	洪起殷·全百燦 譯註	27,000원
韓非子集解 1~5	許鎬九 外 譯註	合 202,000원

〔武經七書直解〕

孫武子直解·吳子直解	成百曉 外 譯註	45,000원
六韜直解·三略直解	成百曉 外 譯註	26,000원
尉繚子直解·李衛公問對直解	成百曉 外 譯註	26,000원
司馬法直解	成百曉 外 譯註	26,000원

〈集部〉

古文眞寶 前集	成百曉 譯註	30,000원
唐詩三百首 1~3	宋載卲 外 譯註	合 127,000원

〔唐宋八大家文抄〕

韓愈 1~3	鄭太鉉 譯註	合 78,000원
柳宗元 1~2	宋基采 譯註	合 44,000원
歐陽脩 1~7	李相夏 譯註	合 220,000원
王安石 1~2	申用浩 外 共譯	合 45,000원
曾鞏	宋基采 譯註	25,000원
蘇洵	李章佑 外 譯註	25,000원
蘇軾 1~5	成百曉 譯註	合 110,000원
蘇轍 1~3	金東柱 譯註	合 64,000원

〔明淸八大家文鈔〕

1 歸有光·方苞	李相夏 外 譯註	35,000원
2 劉大櫆·姚鼐	李相夏 外 譯註	35,000원
3 梅曾亮·曾國藩	李相夏 外 譯註	38,000원
4 張裕釗·吳汝綸	李相夏 外 譯註	50,000원

東洋古典新譯

당시선	송재소·최경렬·김영죽 편역	24,000원
손자병법	성백효 역주	14,000원
장자	안병주·전호근·김형석 역주	13,000원
고문진보 후집	신용호 번역	28,000원
노자도덕경	김시천 역주	15,000원
고문진보 전집 上·下	신용호 번역	各 22,000원
신식 비문척독	박상수 번역	25,000원
쉽게 배우는 안씨가훈	김창진 편역	23,000원

동양문화총서

동양사상 해설과 원전	정규훈 外 저	22,000원
화합의 길 《중용》 읽기	금장태 저	20,000원
호설과 시장	신용호 저	20,000원
어느 노학자의 젊은 시절	심재기 저	22,000원

문화문고

경전으로 본 세계종교 그리스도교	이정배 편저	10,000원
〃 도교	이강수 편역	13,000원
〃 천도교	윤석산 외 편저	10,000원
〃 힌두교	길희성 편역	10,000원
〃 유교	이기동 편저	10,000원
〃 불교	김용표 편저	22,000원
〃 이슬람	김영경 편역	13,000원
논어·대학·중용	조수익·박승주 공역	13,000원
맹자	조수익·박승주 공역	10,000원
소학	박승주·조수익 공역	10,000원
십구사략 1~2	정광호 저	合 24,000원
무경칠서 손자병법·오자병법	성백효 역	13,000원
〃 육도·삼략	성백효 역	10,000원
〃 사마법·울료자·이위공문대	성백효 역	10,000원
당시선	송재소·최경렬·김영죽 편역	10,000원
한문문법	이상진 저	13,000원
한자한문전통교재	조수익·이성민 공역	13,000원
士小節 선비 집안의 작은 예절	이동희 편역	13,000원
儒學이란 무엇인가	이동희 저	18,000원
동아시아의 유교와 전통문화	이동희 저	13,000원
현대인, 동양고전에서 길을 찾다	이동희 저	10,000원
100자에 담긴 한자문화 이야기	김경수 저	12,000원
우리 설화 1~2	김동주 편역	合 20,000원
대한민국 국무총리	이재원 저	10,000원
백운거사 이규보의 문학인생	신용호 저	14,000원